D1605761

PROVERBIOS, ADAGIOS Y REFRANES
DEL MUNDO

JULIO C. ACERETE

PROVERBIOS, ADAGIOS Y REFRANES DEL MUNDO

EDITORIAL OPTIMA

© Edición publicada por acuerdo con Ediciones B, S.A.

Ilustración de la cubierta:
Rhythme Colore, Sonia Terk Delaunay.
© L & M SERVICES B.V. Amsterdam 991010

Nota del editor
Esta selección de proverbios, adagios y refranes ha
sido realizada por Julio C. Acerete. La editorial no se
responsabiliza del contenido de las sentencias por
él recogidas en este libro, para la interpretación de
las cuales se debe tener en cuenta la particular cultura de los muchos y variados países que aparecen
en esta recopilación.

1ª edición: octubre 1999

© EDITORIAL OPTIMA, S.L. Rambla Catalunya, 98, 7º, 2ª
08008 Barcelona - Tel. 93 487 00 31 - Fax 93 487 04 93

Diseño cubierta: Víctor Oliva

Printed in Spain - Impreso en España
Impreso y encuadernado por Balmes, S.A.

ISBN: 84-89693-88-9   Depósito legal: B-41.205-99

INTRODUCCIÓN

Los proverbios son fragmentos de una viejísima sa-
biduría, preservados de los naufragios y las ruinas
del tiempo gracias a su brevedad y a la justeza de
su tono.

ARISTÓTELES

A toda proposición que expresa de manera sucinta una verdad, una regla o una máxima concernientes a la vida práctica, se la denomina *aforismo*. Al principio, la palabra –proveniente del griego y que se traduce por determinación o delimitación– fue usada casi exclusivamente para indicar las fórmulas que expresan, de manera abreviada y mnemotécnica, los preceptos del arte médico, siendo éste el caso de los conocidos *Aforismos,* de Hipócrates. Pero Bacon, por ejemplo, siglos más tarde, utilizó también la forma del aforismo para expresar su interpretación de la naturaleza en el libro primero de su *Novum Organum.* Mientras que Schopenhauer, por su parte, llamó «aforismos sobre la sabiduría de la vida», en su obra *Parerga y paralipomena,* a unos preceptos «para hacer más feliz, o menos infeliz, la existencia humana».

Estos tres ejemplos, entre otros, vienen a indicarnos cómo el concepto del aforismo pudo llegar a significar e incluir toda «regla» escrita –o dicha– con la pretensión de aconsejar o dirigir la actividad práctica del hombre, generalizándose dicha fórmula de tal manera que, en su necesaria vulgarización, se escindió en lo que podríamos llamar cuatro apartados: el *adagio,* que se caracteriza por el sentido doctrinal del consejo que pretende proporcionar; el *apotegma,* o sentencia que ostenta la garantía de haber sido proferida por algún personaje célebre; el *proverbio,* o frase que implica en sí misma un genérico significado histórico-filosófico; y el *refrán,* mucho más breve por lo general que el proverbio y que se apoya sobre todo en evidencias populares ampliamente admitidas que parecen negarse a toda posibilidad de discusión.

De estas cuatro variantes del aforismo, que en rigor son una forma inferior del mismo, las más conocidas son el proverbio y el refrán, que en cierto modo incluyen a las dos restantes, siendo por ello por lo que hemos elegido dichos dos términos para titular la presente recopilación, si bien –a escala universal– quizá sea el concepto de proverbio el más genéricamente empleado para denominar a este género literario de la frase breve que, casi siempre en tono sentencioso, nos propone la síntesis de uno u otro pensamiento más o menos profundos.

En lo que se refiere a España, el refrán –que como término denominativo es probablemente más popular que el proverbio– no comenzó a ser conocido hasta mucho tiempo después de que su costumbre y empleo arraigaran en otras culturas.

La primera compilación de refranes que se conoce es la llevada a cabo por Aristóteles, a la que siguieron otras como la de Crisipo y Cleante. El nombre de Plutarco no es extraño tampoco a esta tarea, mientras que las obras de algunos poetas como Plauto se nos aparecen sembradas de abundantes proverbios. El mismo Shakespeare utiliza el aforismo con el carácter sistemático de toda metodología literario-filosófica.

La mayor parte de los proverbios y refranes nos ha sido transmitida, desde la más remota antigüedad, bien sea oralmente o a través de los escritores primitivos que los recogieron del lenguaje popular. Los griegos los heredaron, probablemente, del antiguo Oriente, transmitiéndolos a los romanos, quienes a su vez los pasaron a todas las lenguas del mundo occidental. Erasmo contribuyó poderosamente a esta última fase de dicha propagación, con su *Adagiorum Collectanea*, traducción en latín bajo de numerosísimos proverbios antiguos, que sirvió de puente para que este acervo de la cultura popular griega, e incluso anterior, llegara a difundirse por toda Europa.

Pero los libros que el pueblo ha ido asimilando con el tiempo también se han traducido en nuevos proverbios y refranes que se han perdido en el anonimato de la vulgarización. De ahí que en muchas ocasiones, leyendo a algunos autores clásicos, diversos conceptos nos «suenen» a frases sabidas, cuando la realidad es que nos encontramos ante la raíz misma de alguna evidencia aprehendida por la vía de lo popular.

Por ello los proverbios y los refranes tienen su ética, es decir, un «tono» propio que los caracteriza como forma filosófica que los integra dentro de los diferentes medios cognoscitivos de que dispone el hombre. Esta «filosofía de la frase breve», a pesar de algunas definiciones despectivas como aquella que la trata de «sabiduría de hoja de calendario», se adhiere evidentemente a los supuestos básicos de toda disciplina racional que caracteriza el conocimiento humano. Un ligero estudio del mismo concepto de *sabiduría* nos confirmará tal certidumbre de una manera concreta.

El concepto de sabiduría se refiere tradicionalmente a la esfera propia de las actividades humanas y expresa la conducta racional en el ámbito de esta esfera, con la posibilidad de inspirarla, de la mejor manera posible. La sabiduría, en rigor, no es el conocimiento de las cosas altas y sublimes, sino el conocimiento de las simples cosas humanas y, en consecuencia, también el conocimiento del mejor modo de conducirlas.

La distinción entre *sabiduría* y *sapiencia,* formulada ya por los antiguos, nos caracterizará más aún la primera. Para Aristóteles, por ejemplo, mientras que la primacía acordada a la sapiencia es la propia del concepto de la filosofía como «contemplación pura», la acordada a la sabiduría expresa el concepto de la filosofía como guía del hombre en el mundo. Platón hace también su distinción, especificando que la sabiduría es «la ciencia que se ocupa principalmente de los ordenamientos políticos y domésticos, a la que también se puede dar el nombre de prudencia y de justicia». Más acá en el tiempo, Leibniz nos proporcionará una definición teórico–práctica, diciendo que «la sabiduría es el perfecto conocimiento de los principios de todas las ciencias y del arte de aplicarlos». Mientras que la definición de Kant pertenece al mismo ámbito: «La sabiduría consiste en el acuerdo de la voluntad de un ser con su objeto final». Hegel, por su parte, habría de acentuar el carácter humano y realista de la sabiduría hablando de una «sabiduría mundana», que el Renacimiento opuso, como razón humana a la religión. Y Schopenhauer incidirá todavía más en este carácter materialista de la sabiduría, entendiéndola como «el arte de transcurrir la vida del modo más placentero y feliz posible».

En la filosofía moderna, el concepto de sabiduría, que a partir de la dialéctica hegeliana comenzó a precisar el concurso marginal de nuevas ciencias como la sociología o la estadística, ha sido sustituido por el más gráfico de *conocimiento*. Tierno Galván, por ejemplo, opina en nuestros días que «una teoría del conocimiento no está legitimada, sino en la medida que es un análisis de las condiciones de la cultura, de tal forma que a nadie se le pueda escapar que esto equivale a un sociologismo, ya que la teoría del conocimiento no es otra cosa que una sociología del conocimiento».

La evolución de las ciencias del conocimiento a través de los tiempos no implica, por tanto, una ruptura teórica con los principios fundamentales de la *sabiduría* popular, uno de cuyos capítulos principales es el formado por los proverbios y refranes en su acepción de forma filosófica. Por lo demás, la relación que esta «filosofía de la frase breve» tiene con otras formas culturales, como la poesía o el folklore musical, no puede contribuir más que a reforzar nuestra teoría legitimadora.

Frente a todos estos factores positivos, pueden establecerse, como es natural, otros de carácter negativo. Lo que más ha desprestigiado a los proverbios y refranes ha sido, indudablemente, el uso asistemático que de ellos se ha hecho siempre, inconveniente muy difícil de eludir, por otra parte, si se tiene en cuenta su carácter esencialmente popular. Cervantes puso ya a este respecto en boca de Don Quijote la siguiente observación: «No parece mal un refrán traído a cuento, pero cargar y ensartar refranes a troche moche, hace la plática desmayada y baja».

Toda disciplina cognoscitiva precisa efectivamente de un método. Pero un medio expresivo que encuentra su mejor razón de ser en su carácter popular, es difícil adaptarlo a cualquier clase de metodología, ya que ésta precisa sustentarse en la capacidad analítica de un conocimiento superior. Esta antinomia es la que, a nuestro juicio, determina justamente que los proverbios y refranes no puedan superar su aspecto de «filosofía inferior», ya que la misma superación de esta insuficiencia les haría acceder a una categoría ulterior en un movimiento mediante el cual, simultáneamente, perderían su esencia popular.

Sin embargo, esta *limitación natural* de toda forma del conocimiento popular no implica una contradicción, puesto que su elementalidad se sitúa en el principio de una dinámica perfectamente proyectable a cualquier forma de conocimiento superior. Sin dejar el ejemplo de los proverbios y refranes, nos encontramos con el caso de algunos de ellos que se contradicen entre sí, lo cual no supone una contradicción del sistema cognoscitivo, sino simplemente dos perceptivas distintas de un mismo problema o circunstancia. *No por mucho madrugar amanece más temprano* y *A quien madruga, Dios le ayuda,* más que una antinomia que invalide la razón estética de ambas frases, son dos conceptos distintos sobre el hecho de la diligencia en la acción, que en último caso no hacen más que representar, al nivel de elementalidad que se quiera, concepciones básicas de sistemas filosóficos fácilmente reconocibles bajo las generalizaciones, más amplias, del materialismo y el providencialismo. Por lo demás, como ya hemos visto antes, cualquiera de las dos «sentencias» es susceptible de un ulterior desarrollo, sin que por ello hayan dejado de cumplir su cometido iniciativo–popular.

En otras palabras, el carácter popular de los proverbios y refranes no puede nunca invalidar su realidad representativa y cultural, ya que en cualquier caso siempre existirá la *relación natural* de cada «sentencia» con su equivalente filosófico superior.

En este sentido, la problemática cognoscitiva de los proverbios y refranes no será otra que la de la misma filosofía, es decir, la de la lucidez, la de la capacidad del hombre para ver claro en el mundo a la luz de sus conocimientos. La totalidad del mundo, a este respecto, no es lógica ni deductiva, puesto que incluye multiplicidad de determinaciones, así como la existencia de diversos grados o niveles. Por otra parte, las aludidas determinaciones objetivas del mundo son siempre más amplias que las de los seres individuales, aunque sin diferencia absoluta de naturaleza, ya que los mismos individuos somos «totalidades de momentos», cada uno de los cuales tiene cierta existencia propia.

La verdad, en tal caso, es una totalidad, una superación de las verdades individuales y relativas, las cuales se transforman en errores si se las mantiene inmovilizadas. Mientras el hombre exista sobre la faz de la tierra, la interrelación entre naturaleza e historia constituirá, efectivamente, un proceso siempre inacabado, puesto que la misma acción del hombre, ya sea para negarlas o para superarlas, constituye un momento de la acción recíproca y creativa.

Esta reciprocidad entre la *verdad* y el *acto,* es justamente la base sobre la que se explica cómo el pensamiento puede guiar al hombre a una acción capaz de liberarlo de los límites que, en un momento dado, le condicionan más o menos, mientras que esta acción liberalizadora libera a su vez una nueva parcela de su pensamiento, obteniendo de ella una nueva capacidad creadora, a fin de que, continuamente, de un «acto» se derive siempre una nueva «verdad» y viceversa. En este aspecto, limitación, relatividad, o contradicción, no significan falsedad, ya que condicionan la relación específica del hombre con la naturaleza de las cosas. La ley de la contradicción inherente a las cosas, a los fenómenos, es decir, la ley de la unidad de los contrarios, es la ley fundamental de la naturaleza y la sociedad, así como de todo pensamiento que desee adherirse a la realidad del mundo. Tal movimiento de las esencialidades puras constituye en definitiva la naturaleza del saber científico, considerado éste como la cohesión de su contenido.

En efecto, «lo conocido en términos generales –escribe Hegel–, precisamente por ser *conocido,* no es reconocido». Los proverbios y refranes suelen ser, en este sentido, fuentes de error al ser tomados como pequeños dogmas en su aparente «unicidad» de significado. Podría decirse, al respecto, que cada cual elige el refrán que más le conviene, aquel que más va a «apoyar» su elección –de hecho o de palabra– en un momento dado. La gente tiende a pensar que la virtud es fácil y los refranes, a veces, no sirven más que de falsa apoyatura a convicciones basadas en el voluntarismo y el autoengaño.

Contra esta especie de autosubterfugio, Bertolt Brecht, el gran dramaturgo alemán, refiriéndose a los personajes de su pieza *La excepción y la regla,* nos advierte: «Observad con atención la conducta de esta gente: la encontraréis rara, pero admisible; inexplicable, aunque común; incomprensible, pero dentro de las reglas. Desconfiad del acto más trivial y en apariencia sencillo, y examinad, sobre todo, lo que parezca habitual, pues os suplicamos expresamente: no aceptéis lo habitual como cosa natural».

La realidad nos enseña, efectivamente, que no hay criterios aislados sucintos y absolutamente fidedignos, así como que las decisiones se hacen realidad sólo a través de una ensambladura de complejas mediaciones. Sobre este particular, resulta imprescindible tener en cuenta la diferencia de matiz que existe entre la opinión particular y el conocimiento objetivo, ya que el conocimiento es sobre todo una *opinión verificada,* y que el hombre se ve obligado, en muchos casos, a operar con opiniones que se sustraen por principio a toda comprobación.

Esperamos, por tanto, que el viaje que supone esta recopilación al viejo archivo del saber humano, constituya para el lector, a ser posible, algo así como una panorámica objetiva que le permita verificar, aunque sea a nivel de *sabiduría popular,* las contraposiciones fundamentales sobre las que ha evolucionado, en su progresiva dialéctica, el pensamiento del hombre, ya que sólo bajo esta condición podrán los proverbios y refranes, en su particularidad cognoscitiva, seguir siendo «preservados –tal como ya lo deseaba Aristóteles– de los naufragios y las ruinas del tiempo».

JULIO C. ACERETE

AMOR

Afganistán

Quien ama, trabaja.

África

Corazón seducido, cuerpo esclavo.

El corazón no es una articulación para ser plegada.

El amor es un asno despojado de toda traba.

El que ama es como un alga en la superficie de un agua estancada: aunque se la hunda, no tarda en flotar de nuevo.

Amar a quien no nos ama es como remover los arbustos para hacer caer la nieve.

Quien ama, quiere mejor que el mejor.

Deja amar al que ama porque, si tú le dices que deje de amar a lo que ama, él seguirá amando a lo que ama y a ti te odiará.

Alemania

Cuando la amistad deja paso al amor, deberá interpretar el segundo violón.

El amor no asciende, pero puede mirar hacia abajo.

Quien escribe cartas de amor deberá tener las manos bien ligeras.

El amor sabe hablar también con los labios cerrados.

El amor es caza mayor.

El fuego de la leña verde proporciona más humo que calor.

Toda segunda esposa tiene las nalgas de oro.

El amor siempre se inclina voluntarioso del lado de la escarcela.

El enamorado es el camarada del alma.

Arabia

Para amar bien a una mujer, es necesario amarla como si fuera a morir mañana.

El mordisco de algunas bocas ama más que los besos de otras.

Si el hombre reprende e injuria a la mujer, es seguro que la ama.

El enamorado toma a los otros por ciegos y los otros a él por loco.

El amor es como el fuego: por donde va, se deja ver.

El almizcle y el amor no pueden ocultarse.

Si se está enamorado, basta con oler una rosa; si se es un patán, se entra en un jardín tan sólo para hacer estragos.

Quien se enamora de las perlas, se lanza al mar.

La gloria del amante es la persona amada.

El amor está oculto como el fuego en la piedra.

Amar a quien no nos ama es fatigar el corazón.

Armenia

El molino con dos muelas y el amor con dos corazones.

Birmania

Cuanto más violento es el amor, más violento es el enfado.

China

El amor es todo ojos y no es ninguno ciego.

Los ojos cambian sus miradas y los seres existen.

Dinamarca

El amor prende igualmente sobre la paja que sobre el cabello.

El amor es como la boñiga de la vaca, que cae igual sobre la ortiga que sobre la rosa.

La pobreza y el amor son difíciles de ocultar.

El amor viejo jamás se enmohece.

España

Amor con casada, vida arriesgada.

Amor osado nunca fue desdichado.

Contra el amor y la fortuna no hay defensa alguna.

De enamorado a loco va muy poco.

Desgraciado en el juego, afortunado en amores.

Doncella sin amor, rosa sin olor.

El amor hace mucho y el dinero lo hace todo.

El amor es un egoísmo entre dos.

El amor no hace cobardes.

En la batalla del amor, el que huye es el vencedor.

No hay moza sin amor, ni viejo sin dolor.

Quien bien ama, bien aguarda.

Amante vergonzoso, a la amada se hace sospechoso.

Amor que no se atreve, es despreciado por las mujeres.

Dos que se aman, con el corazón se hablan.

El amor encogido en poco es tenido.

El amor es pez, agua la presencia y aire la ausencia.

El amor es fruta para el mancebo y para el anciano un veneno.

El fuego, la cama y el amor emperezan la labor.

Ni el que ama ni el que manda quieren compañía.

Por el beso empieza eso.

Sin amar y sin yantar nadie puede pasar.

Más vale pan con amor que gallina con dolor.

Amor de asno, coz y bocado.

Amor de niño, agua en cesto.

Amor de padre, que todo lo demás es aire.

Amor de loco, yo por vos y vos por otro.

Amor trompero, cuantas veo tantas quiero.

Ama sois, ama, mientras el niño mama; desde que no mama, ni ama ni nada.

Dijo el escarabajo a sus hijos: venid acá, flores mías.

Donde hay amor, hay dolor.

Amor con amor se paga.

Los amores se van y los dolores se quedan.

Amores nuevos olvidan viejos.

Amores, dolores y dineros no pueden estar secretos.

Sopa y amores, los primeros los mejores.

Para el amor y la muerte no hay cosa fuerte.

Estados Unidos

Un hombre que se enamora nace por segunda vez.

Para una mujer enamorada, amar mucho nunca es demasiado.

Ama y después haz lo que tú quieras.

El amor limpia como una rosada.

Delante de una mujer bella, el hombre siempre se complace.

El amor es como la niebla, no hay nada que no pueda cubrir.

Finlandia

Se recuerdan los besos prometidos, pero se olvidan los recibidos.

Al igual que un grano en el agujero de un diente, los viejos amores importunan siempre.

El primer amor se parece a la primera nieve en lo poco resistente.

Francia

En amor es necesario estar loco.

Cuando el entendimiento llega, el amor envejece.

No hay ningún amor feo.

El amor ante la belleza no tiene juicio.

El oído es el camino del corazón... y el corazón es el resto.

Las primeras cartas cariñosas son los ojos quienes las lanzan.

Los viejos amores y los viejos tizones se vuelven a encender en todas las estaciones.

Quien sabe amar no hace jamás sufrir.

El amor atolondra a los jóvenes y aburre a los viejos.

El amor es el verdadero precio que se paga por el amor.

Quien ama a mujer casada, su vida tiene prestada.

Amar demasiado resulta amargo.

De gran amor, gran duelo y gran dolor.

El amor es sentido común y locura.

Amar y saber no tienen las mismas maneras.

Sin pan y sin vino el amor no es nada.

Nada es más fuerte que el amor y la muerte.

Lo más agradable del amor son los comienzos.

Quien sabe amar no sabe morir.

El verdadero amor se siente responsable del abuso que se le ha hecho.

Los corazones sensibles quieren que se les ame y las personas vanidosas que se las prefiera.

Fingir amor es peor que ser falsificador de moneda.

Ama como si un día debieras odiar.

El beso es un fruto que se hace preciso coger en el árbol.

Se hace el amor y, cuando el amor está hecho, ello es ya harina de otro costal.

No se ama bien más que cuando se tiene deseo de decirlo.

Quien se ama demasiado no es amado por nadie.

Ámame un poco, pero continúa.

Quien no sabe ocultar, no sabe amar.

Un cabello de quien se ama tira más que cuatro bueyes.

El amor se transforma en objeto amado.

Hungría

En el amor, como en los sueños, no hay nada imposible.

No se debe desesperar de nada que se pueda aún amar.

India

Que tu amor sea como una sábana que envuelva tu vida y también tu muerte.

El amor sin verdad es como el agua de un río sin orillas.

En el amor todo es importante, siendo el amor su propia recompensa.

Quien ama se hace un agujero en el corazón.

Hay millares de miserias en un solo amor.

En amor, los mendigos y los reyes son iguales.

Cuando los ojos se encuentran, nace el amor.

Un alma plena de amor es como un mar sin olas y en plena calma.

El amor hace posible lo imposible.

Si hay deseo, hay adoración.

Una mujer sin marido es como la arena de la playa.

La mujer de un hombre celoso tiene a cuarenta hombres como esposos.

El amor es como una enredadera, que muere si no tiene a qué enlazarse.

La fianza del amor es el divorcio.

Inglaterra

Ámame poco, pero por mucho tiempo.

Cada uno ama a su pareja.

Ámame un poco menos, pero que dure.

Afecto caliente, venganza ardiente.

Un rostro bello es como media dote.

Las cartas que una mujer desea recibir de un hombre son aquellas que él no debería jamás escribir.

El amor que se alimenta de regalos tiene siempre hambre.

Se puede amar al amor y despreciar al amante.

Ama bien y hallarás quien te ame.

Irán

No busquéis el amor en la naturaleza humana, pues jamás la rosa florece en los sucios pantanos.

Israel

Quien se apresura en el amor, se apresura también en el odio.

Mientras se ama, se duerme sobre el filo de una espada.

El mirto, en medio de los rosales, se sigue llamando mirto.

Los que se aman siempre escasean de tiempo.

Allí donde mi corazón ama, allí me llevan mis pies.

Un amor reciente es como el vino nuevo, que no será verdaderamente estable mientras no envejezca.

Italia

Los consejos son inútiles cuando se trata de amor.

Tú no serás amado si no piensas más que en ti.

El amor no se inflama si no se le pone al fuego.

Todo gran amor no es posible sin gran pena.

Los besos de los labios no vienen siempre del corazón.

Las faltas son grandes cuando el amor es pequeño.

El amor da el espíritu a las mujeres y se lo quita a los hombres.

Quien desee ser amado, debe amar.

El amor es el precio para el que quiere comprar amor.

El amor no tiene medida.

Quien alberga al amor en su corazón, lleva espuelas a sus costados.

El amor reina sin ley.

El amor gobierna su reino sin espada.

El amor ignora el trabajo.

De todas las artes, el amor es el maestro.

Amor y señorío no precisan compañía.

El amor no se compra ni se vende, pero al precio del amor el amor se vende.

Las heridas del amor no pueden ser curadas más que por quien las ha hecho.

Los amores jóvenes hacen olvidar a los viejos.

Los amores se van y no quedan más que los dolores.

Comprando caballos y tomando mujer, cierra los ojos y encomiéndate a Dios.

El amor, la tristeza y el dinero no pueden quedar secretos.

Japón

El comienzo del amor es como un simple contacto de dos hilos eléctricos.

Amaos los unos a los otros como la vaca ama a su ternero.

Madagascar

El amor es como la sombra: sobre la montaña, es inútil buscarla; en el agua, no teme a la humedad; en el fuego, no tiene miedo de quemarse.

Que vuestro amor sea como la llovizna, que cae fina, pero que puede hacer que se desborden los ríos.

En la lucha con la persona amada, más vale rendirse pronto que triunfar sobre ella.

El amor no se compra, pero si se hacen esfuerzos por conquistarlo, se le obtiene igual.

El amor no debe mezclarse nunca con el orgullo.

El amor que no está hecho a la medida del corazón es como el agua que colma un recipiente: la mitad se pierde por el camino.

El amor disminuye cuando no se tiene nada que ofrecerle.

El amor no es como las piedras partidas, cuyos fragmentos no pueden recomponerse; es más bien como la seda que, si se rompe, puede siempre coserse.

Quien en amor tiene la mejor parte, se acomoda difícilmente a la igualdad.

Puede que no haya una raíz de la vida, si no es el amor.

El amor no debe amarse como a una puerta, que se la quiere mientras se abre y se cierra sin cesar.

Malasia

El amor no tiene demora, como los enamorados tampoco tienen juicio.

Manchuria

Amar lo que es rechazado por el hombre; rechazar lo que es amado por el hombre: ambas cosas son una rebeldía contra la naturaleza del hombre.

Marruecos

El que te ama no te construirá palacios, pero el que te odia te cavará una tumba.

Si la luna te ama, ¿qué te importa que las estrellas se eclipsen?

Cuando la puerta del amor se cierra, éste pasa por la del oro.

El amor se adheriría igual a un trozo de madera seca.

Polonia

El amor más grande es el de una madre, viene después el de un perro y, seguidamente, el de un amante.

El amor entra en las mujeres por los ojos y en los hombres por los oídos.

Portugal

La luna y el amor, cuando no crecen, disminuyen.

Rumanía

El amor comienza por los ojos.

El amor es cosa de desocupados.

Donde hay miedo, no hay sitio para el amor.

Donde la pobreza entra por la puerta, el amor por la ventana.

El amor comprende todos los idiomas.

No hay amor sin cólera.

Amor breve, suspiro largo.

Rusia

A moneda de cobre, amor con cardenillo.

Amar a un malvado es perderse.

Casarse joven es muy pronto y casarse viejo, muy tarde.

Unidos, querellas; separados, suplicio.

El amor enseñaría incluso a un sacerdote a danzar.

Dos enamorados pueden sostenerse incluso sobre el filo de un hacha.

La sonrisa de la rosa hace perder la cabeza al ruiseñor.

Suecia

El amor es una rosada que humedece a la vez las ortigas y las azucenas.

Una vida sin amor es como un año sin verano.

El compañero de lecho se elige mientras es de día.

El ladrón no puede robar el amor, pero el amor sí que puede ser ladrón.

El amor ha hecho héroes, pero también idiotas.

Turquía

Hay que ser dueño de quien no te ama y esclavo de quien te ama.

Un enamorado es aquel que, corriendo sobre la nieve, no deja huellas de sus pasos.

Para el enamorado, Bagdad no está lejos.

Al amante, o la paciencia o el viaje.

Si tú no quieres trabajar, enamórate.

Demasiada gazmoñería desagrada al amante.

Los ojos son como una ventana que se asoma al corazón.

Cuando dos corazones están de acuerdo, el desván es para ellos un lugar de diversión.

El amor es como un nido de gorriones que, una vez destruido, ya no puede reconstruirse.

LOS ANIMALES

África

La abeja tiene el dulzor de la miel, pero también el aguijón que pica.

Cuando el asno lleva a la hiena sobre el lomo, no sabe dónde la dejará.

El antílope que tiene miedo sale del bosque y se deja atrapar.

Aunque se nade mejor que un pato, no hay que olvidar que él vive en el agua.

El gato con cadena al cuello es más perro que gato.

Después de que la hiena ha pasado, ladra el perro.

El perro no pide jamás: su mirada es una plegaria.

Cuando llames a un perro, no tengas un bastón en la mano.

Se tiene miedo de un perro a causa de su amo, pero no de sus dientes.

Si os gusta el perro, soportad las pulgas.

Dos gallos juntos no se entretienen en rascar la tierra.

La fuerza del cocodrilo es el agua.

El búho le dice al pájaro: «He traído una bella cría al mundo». «Espera, le responde el pájaro, a que llegue el día y nos veremos».

La hiena que cojea no lo demuestra.

«¡Oh, corderito! Si yo no te como, me comerás tú a mí», dice la hiena.

Los leones de la misma talla se conocen todos.

Si sueltas la lengua del león, te devorará.

Dos corderos no pueden beber en la misma calabaza.

Cada pajarillo canta las alabanzas del lugar donde lo ha pasado bien.

Allí donde se encuentre el facóquero, se le encontrará con sus defensas.

Si el pez se sale del agua y pretende que el cocodrilo no tiene más que un ojo, ¿quién podrá contradecirle?

Si la rata se pone pantalones, el gato será quien se los quitará.

Lo que da al escorpión lo que se gana es su pequeña cola.

La serpiente puede hacerse muy larga, pero nunca picará a su madre.

El mono no ve la joroba que tiene sobre la frente.

Al viejo gorila no se le enseña el camino.

Cuando la mano del mono no espera la fruta, es que la fruta está verde.

Hasta a la vaca que no se quiere, se le trata.

La vaca estéril no conoce la suerte que le espera y desdeña el hacha que le matará.

Alemania

Si quieres ser un asno, todo el mundo pondrá su saco sobre ti.

Una sala dorada no hace de un asno un caballo.

Por mucho que quiera ocultarse la cola del asno, él muestra siempre sus orejas.

Cuando los caballos no están, se repara la cuadra.

Quien desea estrangular a su perro, encuentra siempre una cuerda.

El perro comienza por morder su correa y acaba tomándole gusto al cuero.

Cuando el lobo enseña al cordero sus oraciones, él le come por sus honorarios.

Las moscas escuálidas son las que pican más.

El pájaro canta como le permite su pico.

El huevo pertenece a aquel de quien es la gallina.

La vaca mala también da leche.

En el montón de trigo, la rata se zambulle.

Arabia

El asno que sufre corre más que el caballo.

Aunque el asno vaya a La Meca, no por ello es peregrino.

Se le suele decir al asno: «Los asnos soportan los golpes sin queja». Pero él responde: «Es la reputación que se nos ha puesto».

Si se le aguijonea demasiado, el asno aprende a cocear.

El camello se acuesta siempre en los agujeros de arena donde otros camellos se han acostado antes.

El camello tiene su plan y el camellero el suyo.

El camello que marcha a la cabeza de la caravana no se preocupa de lo que ocurre tras él.

Los sueños del gato están poblados de sonrisas.

El caballo trota según es su dueño.

El perro ladra por su propia cuenta, pero el amo cree que es por la suya.

Los ladridos de los perros inquietan bien poco al cielo.

Si se le arrojara una piedra a cada perro que ladra, las piedras costarían muy caras.

El ladrido de un perro no detiene a las nubes.

Cada gallo canta su propio estercolero.

Hasta la hormiga tiene su bilis.

La rana croa aunque la orilla esté en calma.

La comida del león provoca la indigestión del lobo.

Los leones se preocupan de no beber allí donde lo hacen los perros.

El duelo del lobo es la fiesta del zorro.

Las moscas reconocen el rostro del lechero.

Todo cordero es colgado por sus propias patas.

El cordero degollado no sufre al ser despellejado.

La mula vieja no se espanta del ruido de los cascabeles.

Hasta la gallina que bebe agua mira al cielo.

La gallina del vecino es siempre un pato.

En la estrechez hasta la serpiente se muerde el vientre.

El toro no se fatiga por llevar sus cuernos.

Armenia

El asno se puso un día a rebuznar y, como alguien le dijo que tenía una bella voz, ya no dejó de hacerlo jamás.

Se le suele decir al camello: «Enhorabuena, ya tienes un hijo». Pero él responde: «Qué me importa, si no me ayudará a llevar la mitad de mis cargas».

No se debe aconsejar a un gato que intente estrangular a un león.

Quien se reparte la caza con el cuervo, sólo logrará carroña.

Dinamarca

El cordero no se mete en la boca del lobo dormido.

El asno le reprocha al asno llevar albarda.

El caballo debe ir al pesebre y no el pesebre al caballo.

Tienen demasiado cortas las patas los gorriones para bailar con las cornejas.

Egipto

La marcha instruye al asno.

No es la muerte del asno lo que me contraría, sino el placer que sienten los otros asneros.

En la cabeza del asno hay una voz, que él debe exhalar para quedar en paz.

El gallo elocuente canta ya en su huevo.

Cuando el mono ve que su culo está rojo, se niega a bailar.

Escocia

Quien se pone al servicio del zorro, debe ser su apoderado.

España

Al cabo de un año, el perro se parece a su amo.

Al galgo viejo, échale liebre y no conejo.

Asno en polvo, mula en lodo, y el caballo para todo.

Bien se relame el gato después de harto.

Búho que come, no muere.

Cabra en sembrado, peor que un nublado.

Cada mochuelo a su olivo.

Caracoles, brevas e higos, deben nadar en vino.

Cuando el gallo no canta, es que algo tiene en la garganta.

Cuando uno cambia su tocino por otro, o apesta el uno o el otro.

Cuanto más cerca las redes, más apretados los peces.

Donde hay yeguas, potros nacen.

El buey pace donde yace.

El burro que más trabaja es el que peor albarda lleva.

El mucho trato hermana al perro y al gato.

Al perro flaco, todo son pulgas.

En el becerrillo verás al buey que harás.

Gallina que mal come, mal pone.

El gato escaldado del agua fría huye.

Guárdate del gato encerrado, pues salta a la cara airado.

Huyendo de la sartén, dio en las brasas el pez.

Jaula abierta, pájaro muerto.

Ladrar a la sopa caliente no es de perro valiente.

La vaca grande y el caballo que ande.

Como come el mulo, caga el culo.

Lo que pare la gata, ratones mata.

Más moscas se cazan con miel que con hiel.

Más tarde o más temprano, el perro se parecerá al amo.

Mosca en hocico, coz de borrico.

Oveja, yegua, cochino y vaca, el invierno quieren pasar entre paja.

Pájaro de la última cría, ni come ni pía.

Perro que mucho ladra, poco muerde, pero bien guarda.

Quien está cerca de la cabra es quien la mama.

Sea en juego, sea en saña, el gato siempre araña.

Si te pica el alacrán, no comerás más pan.

Vaca de muchos, bien ordeñada y mal alimentada.

Asno enfermo, de moscas lleno.

Aunque el burro estudió, de la «a» no pasó.

Coces de garañón, para la yegua caricias son.

Cuando la gata anda en amores, buen tiempo para los ratones.

De vaca no nace ciervo, ni paloma de cuervo.

Dos gallos en un corral se llevan mal.

El caballo donde nace y el novillo donde pace.

Gatos y niños siempre dicen: «Mío, mío, mío».

La gallina que no come, se come el huevo que no pone.

La loba parida todo lo que roba lo lleva a la guarida.

La perdiz ha de comerse entre tres compañeros: un hombre, un gato y un perro.

Más vale tener mal burro que no tener ninguno.

No pica la abeja a quien en su paz la deja.

Trote de burro no dura mucho.

Dios todo lo puede, menos hacer beber a un burro si éste no quiere.

Zumbido de mosquito, música de violín chiquito.

Estados Unidos

Si todo el mundo te dice que eres un asno, deberás rebuznar.

Si haces el asno, no debe extrañarte que la gente se monte encima de ti.

Un asno se cree sabio porque se le cargue de libros.

La carga de otro mata al asno.

Dos gatos en un mismo saco no pueden vivir juntos.

Dos perros y un solo hueso raramente se entienden.

Hasta un perro puede parecerse a un obispo.

Los cuervos son lo suficientemente inteligentes como para no sacarse los ojos.

Aunque el lobo pierda sus dientes, no pierde sus inclinaciones.

El mono sabe siempre bien sobre qué árbol trepar.

Finlandia

Cuando un cordero bala, todo el rebaño tiene sed.

Todo el mundo conoce al oso, pero el oso no conoce a nadie.

Francia

En la oscuridad, hasta el asno parece una novia a punto de casarse.

Es imposible hacer beber a un asno si no tiene sed.

El prado convida al asno.

No es necesario hacer marchar al buey más rápido de lo que él cree necesario.

Quien no come gato, come ratón.

No es inteligente burlarse de los perros hasta no encontrarse fuera de la ciudad.

No se atrapan las liebres al son del tambor.

Vida de puerco, corta y buena.

La gallina se pierde por el pico.

Quien desea el huevo, debe soportar a la gallina.

A quien nace gallina, le gusta rascar.

Una pulga que nace por la mañana es abuela ya por la noche.

El zorro cree que todo el mundo come pollo como él.

En la tenería, todos los bueyes son vacas.

Grecia

Cuando el zorro tiene hambre, simula dormir.

Holanda

No hay ningún asno de dos patas.

Hay más de un asno que no ha llevado jamás un saco.

Es una extraña querella la de todo asno que se lamenta de otro asno.

Es por el gusto a la grasa por lo que el gato lame el candil.

Antes de que la hierba crece, el caballo muere.

A fuerza de lamer, el perro acaba por aprender a morder el cuero.

Cuando el perro atrapa un hueso, mueve la cola.

Las oraciones del perro no llegan jamás al cielo.

Hay más de un hombre que envía a su perro allí donde él no iría jamás.

Un perro con un hueso no conoce a ningún amigo.

Aunque se ponga a la rana en una jaula de oro, volverá de nuevo al pantano.

Cuando el lobo se hace viejo, los cuervos cabalgan sobre él.

Es difícil atrapar zorros con zorros.

Cuando la vaca baila, su ternero la aplaude.

Ninguna vaca es llamada Blanca si no tiene ninguna mancha en su piel de tal color.

Hungría

A la larga, el perro acaba por hacer un compromiso con el gato.

India

Hasta que un camello no llega ante una colina, se imagina que no hay nada tan grande como él.

El caballo abre la boca cuando se dice «avena», y la cierra cuando se dice «brida».

Todo perro es un tigre en su propia calle.

El cuervo no se convierte en cisne aunque se bañe en el Ganges.

Para una hormiga, un vaso de agua es un océano.

En cuanto se deja a los peces en el agua, piensan ya en partirse el mar en territorios.

Inglaterra

Todo asno se imagina ser digno de estar con los caballos
del rey.

Esperando que crezca la hierba, el buey se muere
de hambre.

A todo pájaro le gusta oír cantar.

Si el zorro corre, la gallina tiene alas.

La primera vaca que llega al prado lame la rosada.

El caballo con hambre deja limpio su pesebre.

Irán

No es por amor a Dios por lo que el gato parece a veces
sonreír.

La rana es la cantante de los peces.

Se le pregunta al zorro: «¿Quién es tu testigo?» Y él responde:
«Mi cola».

Israel

Los pasos del asno dependen de la avena.

Italia

El asno ignora el valor de su cola hasta el día que la pierde.

Si la gallina se calla, dejará su huevo en paz.

Que cada zorro cuide su propia cola.

Todo zorro paga el desollar con su propia piel.

Japón

No te sirvas de un mazo para tapar el trasero de un gato.

La rana en su pozo se burla del océano.

Las ranas de pozo pueden hablar entre ellas de alta mar.

Si los peces tienen un corazón, el agua donde ellos viven también lo tiene.

Madagascar

Caminad como el camaleón: mirando hacia delante, pero con un ojo hacia atrás.

La elocuencia del gato es la de decir constantemente: «¡Dame, dame, dame!»

El gato salvaje hace lo que él quiere, pero tan sólo es un gato doméstico que se ha cortado la cola.

Roer un hueso sin carne es para merecer la admiración de los perros.

Un perro no está rabioso más que si tiene hambre.

Un perro ladra, no por coraje, sino por miedo.

Un perro que ladra defiende siempre un bien que no es el suyo.

Vana abundancia la de las patas del cangrejo.

La hormiga adherida al cuerno del zebú se imagina que ella tiene algo que ver en el balanceo de la cabeza de aquél.

El cocodrilo que desea comer comienza por no enturbiar el agua.

Cerca de una cascada el paisaje será bello, pero si hay una rana el sueño es imposible.

Por muy bien que se entierre la cabeza de la libélula, no sé convertirá en perla.

A fuerza de chupar, el mosquito acaba por hacerse aplastar.

Los pájaros pueden olvidar a la trampa, pero la trampa no olvida a los pájaros.

Cazado el pájaro, es el fuego para asarlo lo que falta.

Pulpa de arroz y cerdo: dos cosas que no se separan hasta la muerte.

Mondar el arroz al claro de luna es poblar de tentaciones el sueño de las gallinas.

Hay que saber tantas cosas como el ano de una gallina.

Un ratón que pasa por debajo del mentón de un gato dormido, es como si corriera hacia su suicidio.

Si el ratón permanece inmóvil, es que el gato tiene aún los ojos abiertos.

Por donde pasan las patas delanteras del jabalí, pasan también las traseras.

Los saltamontes no se olvidan del cielo.

Solidarios como los cuernos del zebú, fieles compañeros de sus orejas.

El zebú delgado no es querido por sus congéneres.

La medida de un zebú no está en sus cuernos.

El zebú delgado, cargado de cuernos largos, debe resignarse a llevarlos.

Los zebús son atados por sus patas, y los hombres por sus compromisos.

Manchuria

El caballo tiene por recompensa que se le quite la brida.

Marruecos

Coloca a tu asno junto a otros asnos y aprenderá a rebuznar.

Lo que el camello imagina, los camelleros lo adivinan.

Las ratas son las propietarias de la casa y el gato su arrendatario.

El cielo está demasiado alto para oír el ladrido de los perros.

El testigo del perro es su cola.

Rumanía

La buena abeja no se posa sobre una flor marchita.

¿Qué sabe el asno del canto del ruiseñor?

El perro viejo no ladra a la luna.

Amistad con el perro, pero con el garrote en la mano.

¿Qué sería del oso si bailara por su propia voluntad?

Es el huevo quien enseña a la gallina.

El ratón vuelve siempre a su agujero.

Rusia

Abejas sin reina, colmena perdida.

Una sola abeja no recoge la miel.

El camello transporta azúcar, pero come espinas.

Juegos de gatos, lágrimas de ratones.

Se le ha dicho al gato: «Tu excremento es útil». Y por eso lo entierra profundamente.

El que ha perdido una cabra, ha perdido también un día para buscarla.

Quien frecuenta a los perros, aprende a jadear.

En un país sin perros, se haría ladrar a los gatos.

El perro que ladra es preferible al que muerde en silencio.

La gallina no puede disfrutar de la amistad del zorro.

El cuervo es gentil, pero su pico es largo.

Como el cuervo a la carroña, el juez atiende al ladrón generoso, y el pope al difunto rico.

Ningún cuervo saca los ojos a otro cuervo.

El cuervo viejo no grazna en falso.

El caracol viene, pero, ¿cuándo llegará?

Cuando el lobo se hace viejo, se convierte en el bufón del perro.

No llames lobo al perro del pope.

Mientras el predicador explica el evangelio al lobo, éste piensa en el cordero.

Se le pregunta a la mula: «¿Quién es tu padre?» Y ella responde: «Mi tío es el caballo».

Al oso que no sabe morder, el hombre lo atrapa.

Toda la fuerza de la gallina se resume en el huevo que ella pone.

El pollo dice: «Sería feliz si mi madre tuviera tetas».

La jaula dorada no alegra al ruiseñor.

El ruiseñor canta tanto las espinas como las rosas.

La serpiente cambia de piel, pero no de naturaleza.

Los ratones han tenido consejo y han acordado poner cascabeles al gato.

Los ratones han decidido poner cascabeles al gato, pero no encuentran a nadie que sea capaz de poner en práctica su decisión.

Dios ha dado a la vaca una lengua ancha y larga, pero le ha negado la palabra.

La vaca vela y el buey gime.

El buitre ha abrazado a la gallina hasta su último suspiro.

El erizo frota su cabeza contra sus púas y las encuentra tiernas.

Siria

Se invita al asno a la boda, pero él llora porque se le carga de leña.

El asno prestado pronto resulta en el lomo lastimado.

Suiza

No hay gato que no tenga uñas.

Tíbet

No hay perro que no le guste mover la cola.

Los corderos tienen la gentileza de mamar de rodillas.

Turquía

La muerte le llega a la abeja de su propio aguijón.

El águila es cazada por la flecha hecha de su pluma.

Porque un caballo tropiece, ¿es necesario matarlo?

El perro que no sabe ladrar, atrae al lobo cerca de su rebaño.

Hasta el perro conoce la mano que le da el pan.

Una vez muerto el león, no es necesario ser valiente para arrancarle su crin.

Si discutes con el lobo, ten a tu perro cerca de ti.

Por muy grande que sea el rebaño, con un solo pastor es suficiente.

El pájaro no vuela más que con la ayuda del tiempo.

El pez no se vende en el agua.

El fin del zorro es la tienda del peletero.

El hombre
y la mujer

Afganistán

Los padres dicen: «Nuestro hijo crece». Y no se dan cuenta de que ellos envejecen.

África

Los niños son la recompensa de la vida.

La mujer adúltera se acuesta hasta con el brujo.

Todas las casas alegres no son apropiadas para pasar la noche.

La mujer no es una jarra cuya solidez podamos probar haciéndola resonar con nuestros dedos.

Las mujeres pueden dividirse en dos grupos: la mujer «tómala y te enriquecerás» y la mujer «tómala y te empobrecerás».

El hombre pertenece a la mujer activa.

Si la mujer pone a su marido a cocer en una marmita, son sus hijos los que se cuecen.

¿La fuerza de la mujer? Su lengua.

Las mujeres encontrarán noventa y nueve excusas, pero se traicionarán en la centésima.

La mujer es como el sendero por el que se camina: no se debe pensar en los que ya lo andaron ni en los que lo andarán.

El que sigue el consejo de las mujeres siempre acaba diciendo: «¡Si yo lo hubiera sabido!»

El aderezo del matrimonio son los hijos.

Alemania

Un solo cabello de mujer tira más que la cuerda de una campana.

Eva no ha muerto aún.

Una buena mujer reina sobre su marido por la docilidad.

El marido que castiga a su mujer, golpea su mano izquierda con la derecha.

Arabia

El olor de los niños viene del Paraíso.

La mujer que sabe hacerse obedecer por su marido, consigue también que la luna dé vueltas sobre su dedo meñique.

La mujer soltera tiene un ala rota.

Una mujer sin pudor es como un plato sin sal.

Sin la mujer, la tierra se sentiría lo que en el fondo es: una tumba.

En la astucia de la mujer hay siempre dos astucias.

La astucia de las mujeres es inmensa: montan sobre el león diciendo que un águila las va a devorar.

Mujer activa hila la lana hasta con la pata de un asno.

Si no existiera la vergüenza, no habría mujeres virtuosas.

Si la mujer comete adulterio, su marido tiene algo que ver en ello.

Mientras el hombre no tenga la cabeza rota, no todo está perdido para él.

El hombre perfecto es una copia de Dios.

El hombre es la medida de todas las cosas.

El hombre no tendrá más que lo que él ganará.

Ningún hombre tiene más que la mujer que se merece.

Cuanto más grande es el hombre, más grandes son sus pasiones.

Si el corazón del hombre es puro, su cuerpo también lo es.

El hombre tiene una doble naturaleza que participa del bien y del mal, de lo real y de lo irreal.

Todos los hombres poseen un alma, como el tamiz sus agujeros.

El clavo sostiene a la herradura, la herradura al caballo, el caballo al hombre y el hombre al universo.

Aunque corriera una fuente de oro a la puerta de cada uno, los hombres no dejarían de luchar entre sí.

Armenia

La mujer se parece a la luna: ciertas noches es de plata y otras de oro.

El oro espera a la mujer y la mujer al hombre.

Sólo una espada no se oxida jamás: la lengua de la mujer.

Si las mujeres tuvieran noticia de la existencia de algo curioso en el cielo, encontrarían una escalera para averiguar lo que es.

La mujer que quiere bien a su marido corrige sus defectos, pero el hombre que quiere bien a su mujer aumenta los defectos de ella.

Elegid esposa con ojo de viejo y caballo con ojo de joven.

Birmania

Si un árbol cae, plantas otro.

Cuando una mujer azota un país, lo hace bonito y bien.

Si amas a tu mujer, habla bien de ella cuando esté muerta.

China

El corazón de un niño es como el corazón de Buda.

La virtud de una mujer no es profunda, pero su cólera no tiene fin.

En una esposa se busca la virtud y la belleza en una concubina.

La mujer no miente nunca con delicadeza más que cuando dice la verdad creyendo los demás que es la mentira.

Cuanto menos hablan los príncipes y las mujeres, más cosas dicen.

Con una sonrisa, la mujer conquista una villa, y con otra, un reino.

Cuando los hombres se reúnen, ellos escuchan, y las mujeres y las hijas se miran.

Las mujeres son capaces de compartir los días de adversidad, pero no los de prosperidad.

Una mujer bonita casada con un hombre feo es como una flor fresca en la oreja de un asno.

Los primeros consejos de las mujeres son los más sabios, y sus últimas resoluciones, las más peligrosas.

La mujer que es infiel a su marido, exige fidelidad a su amante.

Se suele exigir cuatro cosas a la mujer: que la virtud habite en su corazón; que la modestia brille sobre su frente; que el dulzor adorne sus labios, y que el trabajo ocupe sus manos.

La naturaleza ha sumido a la mujer bajo el hombre, pero la naturaleza no sabe nada de esclavos.

Cuanto más ama el hombre a su mujer, más aumenta sus caprichos.

Cuanto más ama la mujer a su marido, más corrige sus defectos.

El hombre superior vive en paz con todos los hombres.

No hay que suponer que los hombres siempre mienten, pero la sabiduría está en apercibirse pronto de la mala fe.

El hombre lleno de virtudes es como un niño: ni cree en las bestias salvajes ni en las serpientes.

El hombre es el corazón de la tierra, la regla de los cinco elementos.

Si no se acepta vivir entre los hombres, ¿quiénes serán nuestros compañeros?

Si hay solamente dos hombres conmigo, estoy seguro de tener ya un maestro.

El que no se entiende con los otros hombres tendrá que hacerlo con el cielo.

Solamente el hombre malvado se encuentra solo.

La vida del hombre entre el cielo y la tierra es como un caballo saltando continuamente un foso, que de pronto desaparece.

La humanidad es el corazón del hombre y la equidad, su vida.

Si se escuchan atentamente las palabras de un hombre y se le mira de igual modo a los ojos, ¿cómo podrá ocultar sus verdaderos sentimientos?

Uno de los grandes defectos de los hombres es querer ser los jefes de los otros hombres.

Hay hombres que tienen una gran facilidad de palabra, pero es porque no han encontrado a nadie que les responda.

Un gran hombre es aquel que no ha perdido la inocencia y el candor de su infancia.

Entre los hombres se debe escoger a los ancianos, y entre los utensilios se deben buscar los nuevos.

El hombre vive perdido entre el cielo y la tierra, como las pulgas y los piojos en una habitación.

El que se sienta en la silla es un hombre, pero el que la transporta es otro hombre.

El hombre es la tierra y el cielo en miniatura.

Sólo hay dos clases de hombres virtuosos: los que ya están muertos y los que todavía no han nacido.

Los hombres buenos se enseñan unos a otros.

Cuando un hombre decide reformar el mundo, sabe que su trabajo no tendrá fin.

Un hombre feliz no es más que un barco que navega con viento favorable.

Las faltas del hombre son como los eclipses de sol y de luna: cuando se equivoca, todo el mundo le ve, y cuando rectifica, todo el mundo le contempla.

Los hombres se diferencian menos por su aspecto físico que por su cultura.

Los hombres ven todos por los mismos ojos, pero sus puntos de vista son diferentes.

Dinamarca

No hay mujer embarazada que se queje de haberse casado demasiado tarde.

Todas las mujeres son excelentes protestantes: prefieren predicar antes que escuchar la misa.

Egipto

Espera a tu marido como la ropa limpia en la terraza: si tu destino es el de guardarle, él no se perderá.

España

A marido ausente, amigo venido.

A la mujer y a la lechuza, por la cintura.

Casarse con mujer poderosa es casarse con la propia señora.

Casa sin mujer, pobre ha de ser.

Con mujer hermosa, casa ruinosa o yerno loco, no hay hombre ocioso.

El caballo y la mujer, a nadie has de ofrecer.

El hombre guapo ha de oler a vino y a tabaco.

El nombre dura más que el hombre.

En el parir y en el cocer siempre es nueva la mujer.

Hombre muy mirado, nunca será renombrado.

Hombre muy rezador, mal pagador.

Hombre sentado, no se queje de mal hado.

Huerto, mujer y molino, requieren uso continuo.

La moza y el mozo quedaron en casa, pero la puerta quedó cerrada.

La mujer del quesero, ¿qué será? Y la casa en que vivía, ¿qué sería?

La mujer, fuego; el hombre, estopa, y el diablo, el fuelle.

La mujer, buena o mala, más quiere freno que espuela.

La mujer que tiene buen marido, en la cara lo lleva prendido.

La mujer que toma, su cuerpo dona.

La mujer que de treinta no tiene novio, tiene un humor como un demonio.

Los enemigos del hombre pueden ser «otros» tres: la suegra, la cuñada y la mujer.

Madre, que me toca Roque y no quiero que me toque. Anda, tócame, Roque.

Mujer de bigote no necesita dote.

Mujer que silba y mea de pie, hembrimacho es.

Narigudas y chatas, todas se casan.

No es una mujer bonita la que el hombre necesita.

No hay mayor pena que perder una mujer buena.

No hay mejor moza que la novia, ni mejor hijo que el nacido.

Pecatosa, señal de hermosa, pero pasando de tres, ya no lo es.

Por ruin que sea el marido, es mejor que el buen amigo.

Respinga y retoza el mozo con la moza.

Saber elegir buena mujer es mucho saber, pero sin mucho examen no puede ser.

Si la mujer no quiere, ser guardada no puede.

Suegra y nuera, ni en una talega.

Tratar y casar, cada uno con su igual.

A quien su mujer ayuda, camino está de la fortuna.

A virgo perdido, nunca faltó marido.

De la mujer la limpieza, se conoce en los pies y en la cabeza.

El agua y la mujer a nada deben oler.

El hombre embriagado, sin irse se ha ausentado.

Entre mujer hacendosa o hacendada, la primera más me agrada.

Hija hilandera, hija casadera.

La cama y la puerta dicen si la dueña es puerca.

La dilatada doncellez carga pesada es.

La mujer hacendosa hace en un día treinta cosas.

La mujer que se da de balde, por vicio o por amor lo hace.

Mi casa, mi mesa y mi mujer, todo mi mundo es.

Mujer que al andar culea, bien se ve lo que desea.

Mujer sosa y huevo sin sal, al diablo se los pueden dar.

No hay mujer que se tenga por fea, ni secreto que por siempre lo sea.

No hay fiera tan furiosa como la mujer celosa.

No hay sábado sin sol, ni doncella sin amor, ni casada sin dolor, ni viuda sin pretensión.

Para ser una dama del todo hermosa, se requieren completas estas siete cosas: delgada cintura, larga de dedos, la nariz afilada, los ojos negros, la boca chiquitita, ancha la frente y las cejas arqueadas... Ya están las siete.

Peor es estar un día sin comer que un año sin mujer.

Quien castiga a su mujer, da qué hablar y qué creer.

Quien fía su mujer a un amigo, en la frente le saldrá el castigo.

Suegra y yerno, medio infierno.

Yerno, sol de invierno.

Veinte con sesenta, o sepultura o cornamenta.

Vieja verde y caprichosa, ni fue buena madre, ni buena esposa.

La mujer compuesta, quita el marido de otra puerta.

Dueña que mucho mira, poco hila.

Con la mujer y el dinero, no te burles, compañero.

Las damas al desdén, parecen bien.

La mujer buena, de la casa vacía hace casa llena.

En casa del mezquino, más manda la mujer que el marido.

En casa del ruin, la mujer es alguacil.

La mujer hermosa y el vidrio siempre están en peligro.

A la mujer y a la picaza, lo que le vieres en la plaza.

Ni mujer de otro, ni coces de potro.

Estados Unidos

Hay dos días felices en la vida del hombre: el de su boda y el del entierro de su esposa.

La muchacha casta es la que nadie ha demandado todavía.

Armas, mujeres y libros, deben ser utilizados todos los días.

Hasta la boca más bonita necesita alimentarse.

La mujer es como la especie: contra más se la tapa, mejor aroma exhala.

La mujer tiene la edad que ella se procura.

La mujer y el pueblo más felices no tienen historia.

Los hombres tienen dos patas de menos que las bestias.

Ya sea presidente o boxeador, un hombre guapo es un guapo hombre.

El hombre es el único animal que no puede ser desollado más de una vez.

La sangre de todos los hombres es del mismo color.

Los hombres con coraje no tienen otra patria que la humanidad.

El hombre ha perfeccionado todo, menos al hombre.

El hombre es el centro de un círculo, pero él no puede traspasar la circunferencia.

El matrimonio es una lucha continua, que no es ganada más que con la última batalla y la última palabra.

Finlandia

Una viuda y un huevo son una casa sin techo.

No se es un hombre hasta que no se ha logrado un surco en el campo.

Un hombre para un día, un perro para una semana y una mujer para siempre.

La mujer ruin y el hielo son los enemigos más grandes del hombre.

Cuando la mujer silba, hasta el diablo se divierte.

Francia

Los hijos son la riqueza de los pobres.

No dejéis a los niños sin justicia ni sin pan.

Los hijos son lo que se hace de ellos.

Toda mujer bonita es soberana en Francia.

Quien tiene dama, tiene derecho.

Casa sin mujer, cuerpo sin alma.

Mujer que escucha y ciudad que parlamenta, se quieren rendir.

La mirada de la mujer es una araña.

Toma a la mujer por los ojos y no por el consejo.

Las mujeres son siempre mejores el año que viene.

Mujer buena, vale una corona.

Las mujeres son en la iglesia santas; en la calle, ángeles; piadosas en la puerta; en el jardín, cabras, y en la casa, diablesas.

Mujer y vino tienen su veneno.

Mujer joven, pan tierno y leña verde, pon tu casa en el desierto.

De la mujer compañero y amo del caballo.

Mujer bien vista y con traje bien vestida no es bien querida.

Jamás un espejo ha dicho a una mujer que fuera fea.

La mujer ríe cuando puede y llora cuando quiere.

Los hombres no aman siempre lo que estiman, ni las mujeres estiman lo que aman.

La fe de la mujer es una pluma en el agua.

Mujer que toma, se vende; mujer que da, se abandona.

Para hacerle mentir a una mujer no hay más que preguntarle por su edad.

No hay mujer casta que no encuentre un amante.

Di a una mujer que es bonita y el diablo la respetará diez veces por día.

Sin las mujeres, las dos extremidades de la vida quedarían en el aire, y el centro, sin placer.

Es necesario tomar a los hombres tal como son y a las mujeres tal como ellas quieren ser.

Las mujeres son como los enigmas, que no complacen más que cuando se les adivina.

Las mujeres preguntan si un hombre es discreto, al igual que los hombres preguntan si una mujer es bella.

Quien a su mujer no honra, él mismo se deshonra.

El matrimonio es de ordinario un mal necesario.

Quien lejos va a casarse, va a engañar o a ser engañado.

Quien se casa por amor, tiene buenas noches y los días algo peor.

Para conseguir un buen matrimonio, el marido debería ser sordo y ciega la mujer.

Las suegras siempre viven demasiado.

Grecia

Cien mujeres no podrían desvestir a un hombre.

Holanda

Un cabello de mujer tira más que una yunta de bueyes.

Tres mujeres y un pato forman un buen mercado.

Cuanto más bella la mujer, menos sabrosa su comida.

¿Qué hay peor que una mala mujer?

Hungría

El hijo que es amado tiene muchos nombres.

India

Las mujeres, como el oro, no fueron jamás vencidas.

Tres clases de gente están dispuestas para todo: los soldados, los sabios y las mujeres.

Un demonio tomó por mujer a un simio. Y el resultado, por la gracia de Dios, fue un inglés.

Hasta el mismo diablo ruega para ser protegido de las mujeres.

Cuando una mujer ríe, sólo su esposo puede saber cómo acabará la situación.

Una mujer sin adornos es como la tierra sin agua.

La virtud de una mujer es su dote.

Una mujer testaruda metería a su marido en una cesta y lo vendería.

Las mujeres son instruidas por la naturaleza y los hombres por los libros.

El frotamiento pule al diamante y a la mujer.

La fiebre y la mujer son vuestros en tanto que los tenéis.

Un hombre sin mujer no es más que medio hombre.

Ni todos los hombres son hombres, ni todas las piedras son rubíes.

El cuervo es el paria de las aves; el asno, el paria de los cuadrúpedos, y el hombre, el paria de los parias, puesto que desprecia a sus semejantes.

Ningún hombre es en sí mismo amigo o enemigo de los demás hombres, pero lo son sus acciones.

¿Quién es el héroe más valeroso? El hombre que domina sus sentidos.

Casarse con una mujer divorciada es como rascar el fondo de un plato de arroz.

Inglaterra

Contra más mira una mujer su espejo, menos mira su casa.

La mujer es la llave del hogar.

No se encuentra liebre sin perro, ni mujer sin excusa.

El espíritu de una mujer y el viento de invierno cambian en seguida.

La lengua de la mujer se agita lo mismo que el rabo de un cordero.

La fuerza de una mujer está en su lengua.

«Por qué» es siempre la respuesta de la mujer.

El bien más precioso para un hombre es su mujer.

La lengua es la última cosa que muere en una mujer.

Feliz la mujer que se casa con un hombre que no tiene madre.

Irán

La gacela alterada no escucha más que a la sed.

A algunas mujeres se las toma como a ciertas fortalezas: por su salida secreta.

La mujer que da su cuerpo sin su corazón es como si diera las rosas sin sus espinas.

Si se corre detrás de la mujer coqueta, ella huirá; y si se huye de ella, nos seguirá.

Israel

Que Dios os proteja de las malas mujeres, y os guarde de las buenas.

La mujer es para el hombre como su propio cuerpo.

La mujer es la casa del hombre.

Las mujeres forman una raza por ellas mismas.

La mujer pide con el corazón y el hombre con la boca, lo cual es una gran virtud de la mujer.

La mujer es el fundamento del mundo.

Entre un hombre y una mujer, Dios tan sólo es juez.

Entregad una mujer al oso y dejará de bailar.

Diez palabras descendieron sobre el mundo: el hombre tomó una y la mujer nueve.

La fealdad es el único guardián de la mujer.

La mujer es la criatura más sutil de todo el reino animal.

Allí donde no hay hombre, razón de más para ser hombre.

El hombre sabio es aquel que busca instruirse con todos los hombres; el hombre fuerte, aquel que sabe quebrar sus deseos; el hombre rico, aquel que se contenta con su suerte, y el hombre honrado, aquel que honra a los demás.

Tres cosas permiten conocer al hombre: la botella, la bolsa y la cólera.

Es una desgracia para un hombre ser la mujer de su mujer.

Es más fácil conocer diez países que a un solo hombre.

Un hombre es quien es y no el que era.

Cuando un hombre viejo se casa con una mujer joven, el hombre rejuvenece y la mujer envejece.

El hombre quiere casarse y la mujer ser casada.

El que tiene hijos vive como un perro y muere como un hombre; y el que no los tiene, vive como un hombre y muere como un perro.

El que tiene hijos no muere de indigestión.

Italia

Un hombre puede no valer ciento, y ciento pueden no valer uno.

Todos los hombres se entenderían bien sin las palabras «mío» y «tuyo».

Las lágrimas de la mujer son una fuente de malicias.

Las mujeres conocen de todo un punto más que el diablo.

La mujer que recibe está cerca de venderse.

Por muy pequeña que sea, la mujer siempre gana al diablo en astucia.

No hay madera sin nudos, ni mujer sin defectos.

Quien toma mujer, libertad vende.

Dos clases de lágrimas hay en los ojos de las mujeres: las unas, de dolor, y las otras, de embustería.

Las mujeres son como el cocodrilo: para atrapar al hombre, lloran, y después le devoran.

No puede tenerse a la mujer borracha y la barrica intacta.

Ninguna mujer ha dicho jamás la verdad desnuda.

Japón

Con uno solo de sus cabellos, una mujer puede atar a un elefante.

La mujer y la tetera se benefician con la edad.

Es necesario guardarse de tres cosas: de una serpiente, de un hombre que hable bien y de una mujer caprichosa.

Corregid a vuestra mujer desde el primer día.

La mujer autoritaria pone a su marido bajo su trasero.

Madagascar

El que tiene una mujer perezosa guarda un cadáver en su casa.

La mujer de un hombre rico no le hace honor a éste más que con lo que le viene de él mismo.

Quien se casa con una mujer que ya es madre es un loco que pone su fortuna en una cesta agujereada.

La esposa es querida sólo cuando la suegra es amable.

Los hombres son como el arroz en la marmita: tan pronto están arriba como están abajo.

Los hombres son como el lodo que se tiene en la mano: si se le aprieta demasiado, se desliza por entre los dedos.

Fuera de la especie humana, no hay pensamiento.

El hombre es como una botella negra: no se ve lo que él tiene dentro.

El matrimonio no es atado por un nudo fijo, sino por un nudo corredizo.

Siete hijos no sirven para retener un marido, pero sí para hacerlo más inteligente.

Es mejor no ser amado por la esposa que por sus padres.

Los hijos son como el bastón en las manos de un elegante, que es a la vez adorno y sostén.

La pobreza que tiene muchos hijos conocerá algún día la riqueza.

Los cónyuges tienen una misma labor que hacer: el marido labra la tierra y la mujer planta el arroz.

Quien está muy lejos no oye más que la llamada de sus hijos.

Manchuria

Si un hombre ha perdido su humanidad, ¿qué hará de los ritos? Si un hombre ha perdido su humanidad, ¿qué hará de la música?

Cualquiera que sea la grandeza del cielo y de la tierra, el hombre volverá siempre a recomenzar.

Si tú no aportas ningún provecho a los hombres, tus plegarias a Buda serán inútiles.

Marruecos

El que quiera tener una nueva mujer, no tiene más que buscarla en su propia esposa.

El hombre a veces es un falso apoyo, como un almohadón que se desliza bajo nuestro peso.

México

Todos estamos hechos del mismo barro, pero no en el mismo molde.

Mongolia

Las mujeres tienen las riendas cortas y el espíritu estrecho.

Si se cumplen los deberes que el hombre tiene, pueden aumentarse las bienaventuranzas del cielo.

Noruega

La doncella no mira hacia la iglesia, sino hacia el establo.

No os fiéis de las palabras de la mujer, pues su corazón es como la rueda que gira.

El matrimonio es como una redada de anguilas: los que están fuera quieren entrar y los que están dentro quieren salir.

Polonia

La mujer es como una hoja de menta: cuanto más se la frota, más olor proporciona.

El agua, el fuego y la mujer no dicen jamás «basta».

El fuego calienta de cerca, pero una bella mujer calienta desde cerca y de lejos.

La mujer enloquece en dos ocasiones: cuando se enamora y cuando encanece.

Si vas a la guerra, reza una vez; si vas al mar, reza dos veces, y si te vas a casar, reza tres veces.

La mujer llora antes del matrimonio y el hombre después.

Portugal

La tristeza por la esposa que acaba de morir dura hasta la puerta.

Es posible que una mujer sin lengua murmure, pero es imposible que, teniéndola, sea muda.

Se canta según el talento y se contrae matrimonio según la suerte.

Casarse, casarse: suena bien, pero sabe mal.

Rumanía

Por muchos hijos no se derrumba el tejado.

La mujer sin hombre es como el caballo sin brida.

La mujer tiene las faldas largas y el espíritu corto.

Que Dios te guarde del juicio de una mujer y de los golpes de un idiota.

Nada cambia más que el tiempo y las mujeres.

Entre el «sí» y el «no» de una mujer no hay sitio ni para la punta de una aguja.

Es la mujer quien ha hecho encanecer al diablo.

La mujer tiene nueve almas, como el gato.

Lengua de mujer, cuchillo de dos filos.

¿Qué hay más temible que una mujer? Dos mujeres.

El hombre tiene ojos para ver, pero la mujer tiene dos ojos para ser vista.

Una casa sin mujeres es como un violón sin cuerdas.

Cuando un hombre toma a una mujer, deja de creer en el infierno.

Quien tiene muchas hijas, habrá de casar a muchos asnos.

Busca la mujer que te plazca a ti, no a los otros.

Nadie escapa del matrimonio ni de la pobreza.

Un segundo casamiento es como un plato recalentado.

No calces jamás las botas de un muerto.

Casarse es fácil, y separarse, difícil.

Buena esposa, carroza de oro.

Esposa bella, zozobra de la casa.

Rusia

Con siete nodrizas, el niño acabará por no tener más que ojos.

Mujer y hombre, azada y pala.

La mujer es una fortaleza y el hombre su prisionero.

Donde hay una mujer, hay un mercado; y donde hay dos, un bazar.

Cuando el diablo se siente impotente, delega a su mujer.

La mujer es una felicidad para unos y una desgracia para otros.

Buena esposa y buena sopa, no busquéis otros bienes.

El hombre es un padre para su mujer, y la mujer, una aureola para su marido.

La mujer y la muerte, Dios las distribuye.

No se debe confiar en un hombre que llora ni en una mujer que sonríe.

La mujer, aunque lo parezca, no es una guitarra.

El pecado del marido queda en el suelo, pero el de la mujer penetra en la casa.

Millares de maridos se han matado a causa de sus bellas mujeres.

Las armas de una mujer son sus lágrimas.

La mujer ha dicho: «Haré arder al mar».

No hagáis el lecho para las mujeres de otro.

El agua para el pez, el aire para el pájaro y para el hombre toda la tierra.

Las alas para el pájaro y la razón para el hombre.

El hombre es tres veces milagroso en su vida: cuando nace, cuando se casa y cuando muere.

Se ve al hombre, pero no a su alma.

Siam

El corazón de una mujer es tan huidizo como una gota de agua sobre una flor de loto.

Suecia

Cuando las mujeres hablan, el mundo se calla.

Suiza

Cuando el vecino se divorcia, cada uno piensa en su mujer.

Se coge al toro por los cuernos, al hombre por su palabra y a la mujer por la camisa.

Turquía

Hay mujeres que hacen rosas de sus maridos.

Una mujer vale más que un cobarde.

El insensato se hace eunuco para acusar a su mujer de adulterio en caso de que ella quede encinta.

Las lágrimas son de ordinario la mejor elocuencia de las mujeres.

El buen vino y la mujer dulce son como dos venenos.

Un hombre sonriente es como un cacahuete abierto.

El hombre es el esclavo de los regalos.

El hombre es más duro que el hierro, más firme que la piedra y más delicado que la rosa.

El hombre peca según sus inclinaciones.

De diez hombres, nueve son mujeres.

El hombre es el espejo del hombre.

Entre los hombres, hay quienes hacen de un cuervo, un ruiseñor, y otros, de un ruiseñor, un cuervo.

Antes de casarse, el hombre debería enjugar todo el mal humor de la mujer.

Yugoslavia

Eva nos es más próxima que Adán.

La mujer inteligente se casa con quien la ama más que ella le ama.

Quien lleva toda su vida a su mujer sobre la espalda, cuando la deja en el suelo, ella le dice: «¡Estoy fatigada!»

Para retener bien a los hombres y a los asnos, cógelos por las orejas.

La moral
y la justicia

Abisinia

La lealtad del corazón vale por ciento cincuenta salmos.

Cuando se cubre la cabeza, se descubre el trasero.

La verdad y la mañana se esclarecen con el tiempo.

Afganistán

Para el hambriento, el pan cuece lentamente.

África

La satisfacción del trabajo cumplido forma parte de la felicidad.

El hambriento tiene derecho a hablar mal, pues el hambre le autoriza a decirlo todo.

La paloma que el hambre ha matado no difama al hambre.

Si alguien dice que tiene el coraje de soportar el hambre, es que nunca la ha sentido de verdad.

El hambre hace frente a todo sin el menor temor.

El que te ama por el bien que le haces, el día que le hayas dado todo, te odiará seguramente.

Solamente quien te ama te fatigará.

A los que nos lloran el día de nuestra muerte, se les compra en realidad mientras se vive.

La fortuna huye de la puerta del hombre de baja condición.

La desdicha encuentra juntos al ruin y a la ruindad.

Quien no conoce el mal, lo desea.

Si el día se levantara en medio de la noche, se descubriría que no sólo las hienas son malvadas.

El que se inquiete por lo que dicen de él, que mire lo que hace habitualmente.

Quien hace el mal es quien lo prevé.

La ruindad es un león que salta sobre su amo.

Si la mentira ha conseguido comer, no conseguirá cenar.

La mentira llega pronto a la edad madura, pero no vive mucho tiempo.

La mentira es una raya hecha con ceniza.

La mentira puede correr durante un año, pero la verdad le alcanzará en un día.

Las verdades son idénticas, como las manchas de las cebras.

La verdad pasa por el fuego sin quemarse.

Albania

Todas las virtudes tienen su raíz en el honor.

Alemania

No hay anguila, por pequeña que sea, que no aspire a convertirse en ballena.

No es necesario llamar a la puerta del abogado con martillo de hierro.

Detrás de cada demonio hay un ángel.

Donde el derecho se instala por la fuerza, el derecho queda sin fuerza.

De un pequeño derecho, la venganza hace una gran injusticia.

El hambre es el mejor cocinero.

Cuando Adán manejaba la azada y Eva el huso, ¿dónde estaban los señores feudales?

Demasiada justicia es igual a poca equidad.

Cien años de arbitrariedad no hacen una hora de justicia.

Un poco está bien, pero demasiado es demasiado.

El justo medio es el mejor camino.

No son libres todos los que se burlan de sus cadenas.

Perdona mucho a los demás y poco a ti mismo.

Perdonar no es olvidar.

Son necesarias muchas paladas de tierra para enterrar a la verdad.

Para decir la verdad no hay como los niños y los locos.

Ama a tu vecino, pero no violentes el vallado.

Buen vecino, buen despertar.

Arabia

Las deudas enrojecen las mejillas.

La vista no hace callar al vientre.

El que tiene hambre abraza incluso una espada.

El hambriento se precipita él mismo en el fuego.

El ave hambrienta hace su nido incluso al lado de donde lo hace el halcón.

Mi corazón es para mi hijo y el corazón de mi hijo para una piedra.

No cubras de ignominia al rostro que ves todas las mañanas.

Engorda a tu perro y él te devorará.

Cuando el toro está a punto, los cuchillos llueven sobre él.

Si eres paciente con tu esclavo, te enseñará su trasero.

No maldigas la casa donde comes pan.

Aconseja al ignorante y te tomará por su enemigo.

He dicho a mi esclavo: «Siéntate». Pero él se ha reclinado.

No entres con tu asno en la casa de los que bien te han acogido a ti.

Mi mano en tu boca y tus dedos en mis ojos.

Fue lanzada el hacha contra el árbol, y éste dijo: «El mango viene de mí».

Cría cuervos y te sacarán los ojos.

Si no existiera más que un justo, sería suficiente para que el mundo mereciera la pena de haber sido creado.

La estabilidad de un pueblo está en la justicia.

Un rey sin justicia es como un río sin agua.

La justicia es la mitad de la religión.

Evitad los extremos y elegid el justo medio.

Sigue al embustero hasta la puerta de su casa para saber si lo que ha dicho es verdad.

La mentira se siente enferma y por eso no puede nunca ir muy lejos.

El embustero tiene la memoria corta.

Sin la falta, el perdón no existiría.

La razón está en el centro de la felicidad.

El que gusta de decir la verdad, más le vale salir a decirla fuera de la ciudad.

Atrapa al ladrón antes de que él te atrape a ti.

El ladrón honesto no roba nunca a sus vecinos.

Armenia

Avergonzado de lo que ha visto durante el día, el sol enrojece por la tarde.

A quien dice la verdad, dadle un caballo con el fin de que pueda salvarse después de haberla dicho.

El ladrón ha cometido una falta, pero el robado ha cometido ciento.

Un ladrón ha robado a otro ladrón y Dios ríe en lo alto.

Bélgica

Cuanto más noble el corazón, menos erguida la cabeza.

Birmania

Templa las cuerdas del arpa, ni muy flojas ni muy tensas.

Checoslovaquia

El ladrón hace su trabajo entre la multitud, y el diablo, en la soledad.

China

Al mal pagador, si se le mata, no tiene piel, y si se le rasca, no tiene carne.

Se debería gobernar a todo gran imperio con tanta facilidad como se guisa un pequeño pez.

El que sabe vencer no emprende una guerra.

El buen general sabe vencer, pero también sabe no abusar de su victoria.

El rey debe obedecer a la Tierra.

Un príncipe que no sabe gobernar a su familia, tampoco sabrá gobernar a sus ministros.

No es el agua lo que debe servir a un buen gobernante de espejo, sino el pueblo.

El pueblo es lo que hay más noble en el mundo.

Si el imperio estuviese bien gobernado, ¿tendría deseo de cambiar?

Cuando se sabe cómo cultivarse a sí mismo, se sabe cómo gobernar a los hombres; cuando se sabe gobernar a los hombres, se sabe cómo gobernar a un imperio.

La virtud no es suficiente para gobernar, como la ley tampoco puede valerse por sí misma.

El pueblo resulta difícil de gobernar cuando es demasiado inteligente.

El buen gobernante es aquel que usa con moderación sus riquezas.

Gobernando con amor es posible quedar ignorado, desconocido, hasta de la misma venganza.

El pueblo muere lentamente cuando se le hace imposible la vida.

El emperador lo puede todo para el bien, pero nada contra la justicia.

Gobiérnate bien si quieres gobernar el mundo.

Antes morir que volver la espalda a lo que es justo.

La invariabilidad está en el justo medio.

Quien se duerme maldiciendo, se despierta calumniado.

Es mejor el asesino que el calumniador: el asesino no mata más que una vez, y el calumniador lo hace mil.

Perdonar a un enemigo no es de espíritus débiles.

Se perdona todo a quien no se perdona nada.

Las verdades que menos se quieren aprender son aquellas que son precisamente más interesantes de saber.

La verdad parece a veces contraria a la razón.

Quien roba una moneda se ve condenado, y quien roba al Estado es coronado.

Dinamarca

Gran abogado, mal cristiano.

La vergüenza no espera a nadie, a menos que no se le ayude a llegar.

El honor es como los ojos: no se puede jugar con ellos.

La justicia se inclina del lado de donde cuelga la bolsa.

Donde falta la ley, debe suplirla el honor.

Un hombre no es forzosamente malo porque otro sea bueno.

Para que las mentiras sean creídas, deben ser envueltas de verdad.

Dos pueden mentir hasta hacer colgar a un tercero.

Con la candela propia se puede alumbrar la candela del prójimo.

Un grano no hace granero, pero ayuda a su compañero.

El ladrón se imagina que todo el mundo roba.

Egipto

Si plantas un ser humano, él se desenraizará por sí solo.

Escocia

Vergüenza para quien me engañe una vez, pero si él me engaña dos, la vergüenza es para mí.

España

Al hombre honrado, todo le cuesta caro.

A los inocentes los mató Herodes.

Amigo que me pediste, de mi amistad te despediste.

Antes envidiado que compadecido.

A una brasa ardiendo se agarra el que se está hundiendo.

Ayer putas, hoy comadres.

Cada uno arrima el ascua a su sardina.

Cuál más, cuál menos, todos olemos.

Cuando el bien pasa, métrlo en tu casa.

Debajo del buen sayo, encontrarás al hombre malo.

De tal palo, tal astilla.

Decir y hacer no comen en la misma mesa.

De fruta ajena, la capacha llena.

De la gente de Levante, no fiarse.

Del temor vano, nace el daño.

De principio ruin, nunca buen fin.

De ruin gesto, nunca buen hecho.

De un ladrón me guardo, pero no de un testimonio falso.

Dios castiga, pero no a palos.

Donde media la razón, no vale autoridad.

El buen amigo es otro yo.

El fingir no es mentir.

El mal ajeno da consejo.

El mal y el bien, en el rostro se ven.

El pecado callado, medio perdonado.

El rey es viva ley.

El uso trae el abuso.

Engaña a quien te engaña, que en este mundo todo es magaña.

Fácil cosa es el pensar, pero dificultosa el obrar.

Fuenteovejuna, todos a una.

Haz bien, aunque no sepas a quién.

Juez apasionado, juez injusto.

La honra y el vidrio siempre están en peligro.

La mentira, a la corta o a la larga, siempre es vencida.

La razón no tiene más que un camino.

Las leyes callan mientras hablan las armas.

La verdad es perseguida, pero al fin nunca vencida.

Libro prestado, libro perdido.

Lo prohibido es más apetecido.

Lo que escasea, se desea.

Ni en la cama ni en la mesa es útil la vergüenza.

No hay mejor testigo que el papel escrito.

No sabe gobernar quien a todos quiere contentar.

No tiene conciencia quien no tiene ciencia.

No ves la viga que hay en tu ojo, y ves la paja en el del otro.

Obra de villano, tirar la piedra y esconder la mano.

Pan prestado, debe devolverse mejorado.

Por una vez, ¿quién lo ha de saber? Ni por dos, ni por tres.

Somos arrieros, en el camino nos encontraremos.

Quien la olla de su vecino quiere catar, la suya no debe tapar.

Quien no miente, no viene de buena gente.

Quien quiere la col, que quiera las hojas de alrededor.

Quien tiene y da, no está obligado a más.

Quien vive de esperanzas, muere de hambre.

Si la píldora no fuera amarga, no habría por qué dorarla.

También al verdugo lo ahorcan.

Una mala palabra hiere más que una cuchillada.

Unos cardan la lana y otros tienen la fama.

Abusar es mal usar.

Amigo traidor, una buena cuerda y colgado al sol.

Bien predica el ayunar quien acaba de almorzar.

Cada cual con su parigual.

Cada uno trate de su oficio, y deje el del vecino.

Cortesanos, embusteros y vanos.

Cuando los sabios callan, los ojos hablan.

Cuando prometer no es dar, es mal quedar.

Da a quien dio, pero no pidas a quien pidió.

Dígase el pecado y cállese el nombre del desdichado.

El perdón alienta al homicida y al ladrón.

El pueblo fuerte no aguanta al mal rey.

Embustero conocido, ya de nadie es creído.

Engañar al engañador no es deshonor.

En la boca del mentiroso, lo cierto se hace dudoso.

Hombre que no roba y gato ladrón, ambos cumplen con su obligación.

Honra con tinta lavada, más manchada.

La razón no quiere fuerza, ni maña que la tuerza.

La verdad y lo verde no a todos favorece.

Ley puesta, trampa hecha.

Libertad pide el malo y el bueno justicia.

Más grave es ser menospreciado que injuriado.

Más vale ejemplo que consejo.

Ni absuelvas ni condenes, si cabal noticia no tienes.

No es hombre bueno quien descubre secreto ajeno.

Por una vez que maté a un perro, me llamaron mataperros.

Quien contrata, se ata.

Ruin habilidad, meter mentira para sacar verdad.

Si dices que a hacer te obligas, haz y no digas.

Si ello es verdad, ya se sabrá.

Si la envidia tiña fuera, ¡cuántos tiñosos habría!

Sin pan no hay paz.

Si sólo comiesen pan los que lo ganan, la vida sería bien barata.

Tales reyes, tales leyes.

Teme a un abogado más que a un dolor de costado.

Todo en esta vida quiere orden y medida.

Venganza de catalanes, ni a mis enemigos alcance.

Abogado, de secano.

Dad a Dios lo que es de Dios, y al César lo que es del César.

Justicia, pero no por mi casa.

Quien a hierro mata, a hierro muere.

Yo dueña y vos doncella, ¿quién barrerá la casa?

Misa y rezar, y casa guardar.

A dineros pagados, brazos quebrados.

Pagar justos por pecadores.

Paga lo que debes y sabrás lo que tienes.

Al matar de los puercos, placeres y juegos; al comer las morcillas, placeres y risas; al pagar los dineros, pesares y duelos.

Quien debe y paga, no debe nada.

Palabra y piedra suelta no tienen vuelta.

El mal pajarillo, la lengua tiene por cuchillo.

Más vale mal ajuste que buen pleito.

Más vale mala avenencia que buena sentencia.

En pleito claro, no es menester letrado.

La pobreza no es vileza.

Donde no hay harina, todo es mohína.

Más vale pájaro en mano que ciento volando.

No es lo mismo predicar que dar trigo.

Uno levanta la caza y otro la mata.

Estados Unidos

La ambición es la última enfermedad de un espíritu noble.

Queriendo saltar a la luna, se puede caer en el barro.

Sé bueno, y si no lo consigues, desconfía de ti.

Si sientes las cadenas, eres ya medio libre.

No serás libre mientras tengas las cadenas cerca de ti.

Un malvado en la ciudad de Sión es un hombre bueno en Chicago.

Si no quieres escuchar la razón, ella no dejará de hacerse oír.

La traición no tiene éxito jamás, porque si lo tiene, se llama de otro modo.

No intentes vengar cada afrenta que te hagan, porque no tendrías tiempo para otra cosa.

En la inquietud está la belleza del oficio de robar.

Finlandia

No se necesitan las leyes cuando se vive en paz.

Quien dice muy alto la verdad, corre el peligro de quedarse sin defensa.

Los grandes ladrones van en carroza, y los pequeños están en prisión.

Francia

Cuando el abogado nace, todos los astros le son necesarios.

El abogado no debe más que lo que él quiere.

Tres sacos son necesarios para tratar con un abogado: un saco de papeles, un saco de paciencia y un saco de dinero.

Buen abogado, mal vecino.

Dios nos guarde de un etcétera de notario y de un quiproquo de boticario.

El bien busca al bien.

Nuestro bien y nuestro mal no nos conciernen más que a nosotros.

Quien da su bien antes de morir, puede disponerse a sufrir.

El abrigo debe cortarse según sea el paño.

No hay crimen sin remordimiento, ni remordimiento sin crimen.

Quien nos debe, nos demanda.

Quien debe, tiene cavilación.

Cuando nada se hace, se contraen deudas.

Quien desposa a la viuda, desposa sus deudas.

Una deuda no impide a otra.

El mal pagador tiene siempre la mentira en la boca.

Donde no hay de qué, el rey pierde su derecho.

De las buenas leyes también nacen malas costumbres.

Un buen derecho nunca carece de ayuda.

El favor es como el opio: un poco hace dormir y mucho hace morir.

No se piden favores cuando se tiene dignidad.

El honor alimenta a las artes.

Los honores cambian las costumbres.

Los honores cuestan siempre algo.

Una bella alma recibe dando, y un ingrato se excusa recibiendo.

Obligar a un ingrato es comprar odio.

Quien finamente jura, finamente perjura.

Quien no es más que justo, es cruel.

No se es nunca justo frente a un rival.

Se desea la justicia en la casa del prójimo.

La virtud consiste en el justo medio.

Un buen caminar es hacerlo por el centro del camino.

Quien perdona al ruin pone en cuidado al hombre honrado.

Perdonar al ruin es injuriar al honrado.

Sin ser perseguido, el ruin huye.

Noble es quien a la nobleza no hiere.

No es nobleza la nobleza hecha de pereza.

Es necesario guardarse de las gentes que no tienen nada que perder.

Estar en peligro no es encontrarse perdido.

Cuando está todo perdido, no hay golpe peligroso.

Promesa de hombre importante, no es un testamento.

Se promete lo que se quiere, y se tiene lo que se puede.

Al cabo de cien años, los reyes serán villanos y los villanos serán reyes.

Los villanos se entrematan y los señores se abrazan.

Golpead a un villano, y os oirá; escuchad a un villano, y os golpeará.

¿Quieres hacer del ladrón un hombre honrado? Fíate de él.

El abandono hace al ladrón.

Grecia

Cualquier momento es bueno para decir que «esto es justo».

Todo embustero tiene a otro por testigo.

Callar la verdad es como enterrar el oro.

El ladrón grita para que el robado tiemble.

Holanda

Los bellacos son quienes mejor conocen la ley.

El derecho no tiene necesidad de ayuda.

El hambre hace tiernas a las alubias crudas.

El hambre es una espada acerada.

El favor de un rey no es una herencia.

Un poco de vergüenza siempre calienta y proporciona al rostro saludables colores.

La necesidad hace galopar a la anciana.

Puede perdonarse a un hombre por lo que no tenía permiso de hacer.

Todos los pecados olvidados, son perdonados.

Los viejos pecados suscitan nuevas vergüenzas.

El que dice siempre la verdad no encontrará nunca refugio.

El que se dispone a mentir, inventa milagros.

Si el ladrón cesara de robar, el perro cesaría de ladrar.

Cada uno es un ladrón de sus propios beneficios.

El agua robada es dulce.

Es difícil cometer un robo allí donde el amo es un ladrón.

Hungría

Quien acepta un presente, vende cara su libertad.

India

Las manos de un abogado están siempre en los bolsillos de alguien.

Endeudarse es morir.

Prestar es buscarse una querella.

Sacrifica tu fortuna por tu vida y tu vida por tu honor.

Nuestro honor es el de nuestras propias manos.

El dardo del desprecio atraviesa hasta el caparazón de la tortuga.

El árbol no niega su sombra ni al leñador.

La hipocresía es una especie de homenaje que el vicio rinde a la virtud.

El justo debe imitar al bosque de sándalo, que perfuma al hacha que lo lastima.

El justo brilla entre los ignorantes como una flor de lis en un cubo de basura.

Un hombre ruin no se lava de sus pecados porque se bañe en el Ganges.

Si mientes, miente de tal forma que seas creído.

La verdad, como la piedra, no se disuelve en el agua.

El azúcar robada es la más dulce.

Después de haber aprendido a robar, todavía hace falta aprender a ser colgado.

Aunque le sea cortada al ladrón la mano, le añadirá un sustitutivo al muñón para seguir robando.

Inglaterra

El deber es fácil de reconocer, pues es aquello que menos se desea hacer.

El hambre atraviesa las murallas.

Un hombre hambriento tiene la vista larga.

Salva a un ladrón de las galeras y serás el primero al que cortará el cuello.

La razón se tiene entre la espuela y la brida.

Desconfía del hombre más que de ti mismo.

El comerciante que no sabe mentir ya puede cerrar su tienda.

La verdad es bella, pero mal vestida.

El que sigue a la verdad de cerca, recibirá lodo en su rostro.

La nobleza debe ser una espuela para la virtud y no un estribo para el orgullo.

Irán

La duda es la clave de todo conocimiento.

El que no duda de nada, nada sabe.

Las manos del hombre honesto son una balanza.

Si quieres que se te rinda justicia, sé justo.

Israel

Desembarázate de tus deudas antes de hacerte prestamista.

El perro hambriento se come hasta el barro.

Sesenta dolores atacan los dientes del hambriento cuando oye a su vecino comer.

No se debe despreciar al que roba porque tiene hambre.

El honor de tu amigo debe serte tan querido como el tuyo mismo.

La espada existe por culpa de la justicia mal administrada.

Más vale ser un poco justo que esperarlo todo de la justicia.

Desgraciado el ruin, desgraciado su vecino.

Cuando un hombre ruin mira al agua, los peces mueren.

No hay nada que sea bueno que no tenga su mal.

Con una mentira se puede llegar lejos, pero no hay que esperar el retorno.

El carbón del pecador no alumbra, pero puede uno quemarse con las llamas de su fuego.

Comete tres veces el mismo pecado, y acabarás por creer que es lícito.

Cuando el judío tiene razón, es cuando llueven sobre él los golpes.

Tu secreto es tu prisionero: si lo divulgas, te convertirás en su prisionero.

Cuando el vino entra, el secreto sale.

No hay nada que tenga un gusto más amargo que la verdad.

No es el ratón quien roba, sino su agujero, pues si no fuese ocupado por el ratón, ¿a quién serviría el agujero?

Quien roba al pobre, roba a Dios.

El ladrón, sin ocasión para robar, se cree un hombre honrado.

Hay siete especies de ladrones, pero el peor de todos ellos es el hombre que engaña al espíritu de los hombres.

Italia

Nunca un hombre de leyes se ha conocido que reclame a los tribunales.

El vientre lleno no entiende al hambre.

El vientre vacío enseña muchas cosas.

Un favor por recibir es mejor que cien de los ya recibidos.

La confianza es buena, pero la desconfianza es más segura.

En el hombre, todo pecado mortal es venial; en la mujer, todo pecado venial es mortal.

Confía tu secreto a un mudo y esto le hará hablar.

Si quieres que te sea guardado un secreto, ¿por qué no lo guardas tú?

El papa y el campesino juntos saben más que el papa solo.

La verdad puede palidecer, pero nunca perecer.

Quien roba para otro es colgado por su cuenta.

Japón

Un ángel para prestar y un diablo para cobrar.

Los dioses se transfiguran en la frente del justo.

Madagascar

Son las deudas las que hacen al hombre ladrón.

Siempre es difícil hallar el justo medio.

Hay que ser como el arroz y el agua: unidos en el campo e inseparables en la marmita.

Con un solo dedo no puede atraparse el piojo.

Hasta los muertos desean ser numerosos.

Una muchedumbre en la orilla del río no teme al caimán.

Al quedar solo, el hierro se oxida.

Los hombres se parecen en su conjunto a la superficie del agua en calma: no hay ni altos ni bajos.

Cuando dos hombres penetran en el bosque, cada uno de ellos piensa del otro: «Tengo confianza en él y él la tiene en mí».

Malasia

Robar es provechoso, pero hacerse colgar resulta caro.

Manchuria

Si obtienes honores, piensa en la vergüenza; si eres feliz, piensa en el dolor.

Marruecos

En todo orden de las cosas, los extremos siempre quedan como discutibles.

La cuerda de la mentira es corta.

Si traicionas a tu vecino, no consultes a nadie.

Satisfacer la venganza no es una vergüenza.

Si quieres vengarte de una mujer, envía a ella un joven y guapo hombre.

México

Si dices la verdad, no pecas, pero no sabes los males que suscitas.

Mongolia

Por muchas cosas que escuches, guarda un momento para la duda.

No hay más que dos doctrinas, que acaban, respectivamente, en la humanidad y en la inhumanidad.

Noruega

La verdad se parece siempre.

Polonia

Con la verdad como compañía se va a todos los sitios, incluso a prisión.

Portugal

Más vale merecer honores y no tenerlos, que tenerlos y no merecerlos.

El honor y el provecho no deberán tenerse en el mismo sitio.

Desconfía de la puerta que tiene muchas llaves.

Más vale perder que más perder.

La pérdida que ignora tu vecino no es una verdadera pérdida.

Allí donde digas tu secreto, pierdes tu libertad.

Rumanía

El juez es como el eje de la carreta: hasta que no se le engrasa, no deja de chirriar.

El hombre ruin es como el carbón: si no te quema, te ensucia.

Elogio de embustero, placer de loco.

El embustero, cuando dice la verdad, se siente enfermo.

Antes se coge al embustero que al perro cojo.

Rusia

Los ojos ávidos no pueden ser cosidos más que con el hilo de la muerte.

Hasta Dios ama a los buenos.

El mejor momento de una deuda es cuando se la paga.

El hambriento, ni puede dormir, ni puede soñar.

Curarse los dientes no satisface al vientre.

El honor no es el honor si no se tiene qué comer.

Para juzgar y condenar a otro se necesita ser un santo.

La exactitud de las pesadas depende del pesador.

Cuando el árbol cae, las hormigas lo toman al asalto.

La bravura de los otros entristece al cobarde.

La ley es como el timón: hacia donde se la hace girar, allí va.

Vivir noblemente, no se puede; y ser campesino, no se quiere.

La verdad es derecha, pero los jueces son torcidos.

Quien dice la verdad debe tener su caballo preparado y ensillado.

Perdonar al ladrón es perder a un hombre honrado.

El pan y la sal humillan hasta a un ladrón.

Cada tribu tiene su ladrón y cada montaña su lobo.

Tíbet

Un ladrón no roba jamás una campana.

Una mentira es como un salto desde lo alto de un tejado.

Turquía

La ambición es una enfermedad que no tiene otro remedio que un puñado de tierra.

Quien no tiene algún derecho, no tiene nada.

De dos hambrientos, nace un mendigo.

El hombre hambriento no se harta contemplando al hombre satisfecho.

El estómago hambriento puede ser harto, pero los ojos hambrientos son insaciables.

La candela alumbrada por la integridad, entre todos los vientos del mundo no podrán apagarla.

El honor es como un largo camino sin retorno, como un perfume de olor inaccesible.

Una vez terminada la comida, ya no se tiene en cuenta la cuchara.

Cuando el nogal ha sido derribado, todo el mundo hace fuego de su madera.

Una hora de justicia vale por setenta años de plegarias.

Que los demás tengan necesidad de ti, pero guárdate de necesitar a los demás.

Desconfía de aquel a quien has favorecido.

La casa del embustero ha ardido, pero nadie le ha creído.

Ciertas mentiras son preferibles a la verdad.

Miente, pero con medida.

Cuando mi padre estaba en la cuna, yo tenía quince años, dice el embustero.

No es cuestión de averiguar para quién se pide perdón.

La sangre no se lava con sangre, sino con agua.

La verdad es más amarga que el veneno.

El ladrón que no es atrapado, parece más honesto que un juez.

Yugoslavia

Una buena mentira es como un tesoro para el pobre.

Si mientes, cree al menos que tu mentira es la verdad.

Si prestar fuera útil, se prestaría hasta a las mujeres.

El mundo del dinero

Abisinia

Cuando veo a un pobre, la vista me hace mal.

Afganistán

La riqueza es para el que la disfruta y no para el que la guarda.

África

Los negocios son como las erupciones del cuello: todo el mundo tiene su ganglio.

No des nada, que tu avaricia transporta tus cajas.

No seas avaro entre los avaros, porque entonces la avaricia no cesará nunca.

El avaro es un ladrón.

No rechaces nunca a quien te ha rechazado, porque ello contribuye a que la avaricia continúe existiendo.

Lo que tú das a los demás, te lo das a ti mismo.

El que invita a dar tiene más mérito que el que da.

La limosna no impide la muerte, pero aleja la humillación.

Es verdad que los dos ojos son iguales, pero sólo a aquel que ha entrado algo se acerca la mano.

Quien recibe sin estar jamás contento, jamás será generoso.

Si un águila cae en un pozo profundo, son más los que miran que los que descienden a él.

Mendigar no enriquece.

No llores más; la pobreza es humana.

Estar vestido no impide ser pobre.

El niño pobre crece sobre el estiércol.

Hasta la hierba dificulta el camino del desdichado.

Si tú eres pobre, no hagas de ningún rico tu amigo.

Quien no posee nada duerme en paz.

La acumulación acaba por llenar el cubo de la basura.

Si no existiera el vientre, la riqueza no valdría nada.

A la riqueza pertenece la grasa que segregan los testículos.

Cuando uno es tenido por rico, aunque tenga hambre, se creerá que ha comido.

Al que no tiene bienes, todo el mundo le repudia.

Si llegas a un país extranjero, no duermas en la casa de un rico.

La fortuna es lenta en llegar, pero la pobreza está siempre a mano.

Alemania

Mucho le falta al pobre, y todo al avaro.

El avaro es un caballo cargado de vino que bebe agua.

La pobreza es el sexto sentido.

Arabia

Dios ha hecho la mano del hombre para hacer la limosna.

La limosna cierra a los males setenta puertas.

Cuando un pobre llama a tu puerta, el Señor llama a tu mano derecha.

Pensar en la retribución de las buenas obras es una de las maneras de olvidar la bondad.

Las buenas palabras son una limosna.

Todo lo que tienes deposítalo sobre la palma de tu mano.

La limosna es una plegaria silenciosa.

La mano que da está al lado de la que recibe.

Si tienes mucho, da de tus bienes; si tienes poco, da de tu corazón.

Si haces la limosna por la mañana, la desdicha es detenida por la limosna.

La avaricia es la pobreza del presente.

El avaro es como un asno cargado de oro que se alimenta de paja.

La avaricia te hará esclavo, puesto que se nace libre.

Pedir un favor a un avaro es como buscar el pudor en una prostituta, o peces en una tierra árida.

El verdadero avaro es aquel que, cuando se le nombra después de muerto, nadie llora por él.

La avaricia es una de las ramas del árbol del infierno.

Si el padre ha absorbido mucha sal durante su vida, su hijo tendrá sed.

El pobre es un extraño en su país.

El hombre pobre no es el de las manos vacías, sino el que tiene el alma vacía de deseos.

En el momento en que la pobreza está a punto de conseguir la felicidad, su existencia ha llegado al final.

El hierro y las piedras son menos pesados que el peso del pobre.

La pobreza siempre sigue al pobre.

El pobre usa su boca para hablar de los bienes del rico.

Hombre sin dinero, árbol sin hojas.

El saco vacío no se tiene de pie.

La pobreza es una camisa de fuego.

La única ayuda del pobre son las lágrimas.

No es pobre más que el que sufre la pobreza.

El pobre se siente siempre mal.

Un mendigo es un mendigo, aunque sea el hijo de Dios.

En la mano del pobre, una galleta es una maravilla.

No anheles la riqueza de tu amigo, porque la perderás.

El exilio con riqueza es una patria y la patria con pobreza es un exilio.

No tengas confianza en la fortuna hasta que no entres en la tumba.

El dinero es como la sombra que va y viene.

No hay más pobre que el rico que se cree al abrigo de la pobreza.

El dinero aniquila al hombre y el hombre aniquila al dinero.

Quien busca la riqueza sin riqueza es como el que quiere transportar el agua en un tamiz.

El dinero es la vista, los oídos, los ojos, las manos.

El dinero no me gana; soy yo quien gana al dinero.

Un cenicero y un rico, cuanto más se emplean, más sucios son.

El dinero disculpa a los bastardos.

Cuando el perro tiene dinero, se le dice: «Señor perro».

El dinero es un metal que ablanda hasta la dureza de las piedras.

Si lloras a la fortuna, la fortuna huirá de ti.

Cuando el viento de la fortuna sopla, se introduce por todos los intersticios.

Armenia

El ojo del que compra está en la mano del que vende.

Es más fácil hacer un agujero en el agua que obtener una moneda de un avaro.

Al pájaro se le atrapa con el grano y al hombre con el dinero.

Ante la mula cargada de oro, todos los castillos abren sus puertas.

Yo duermo y la fortuna vigila.

La riqueza da belleza a los feos, pies a los cojos, ojos a los ciegos e interés a las lágrimas.

Hombre sin dinero, lobo sin dientes.

Bélgica

Quien vende, necesita un ojo; y quien compra, debe tener ciento.

El avaro desollaría a un piojo para obtener su piel.

Encierra el dinero o el amor, que tarde o temprano se evadirán.

Birmania

Las palabras del hombre avaricioso siempre son dulces.

Brasil

La pobreza no es un vicio, pero es mejor ocultarla.

Bulgaria

Los ojos de los que tienen hambre no conocen el sol.

Cuba

El mellado del hacha se reproduce cortando.

Checoslovaquia

No compres jamás con el oído, sino con los ojos.

China

Antes de calcular comprando, calcula vendiendo.

Más difícil que abrir una tienda para comerciar, es mantenerla abierta.

A grandes provechos, grandes riesgos.

Todo comercio tiene sus propios caminos.

Prestar a alguien que no podrá pagar es provocar su enojo.

Hay un tiempo para ir de pesca y otro para secar las redes.

La madera para quemar no es vendida en el bosque, ni la pesca en el mar.

El vendedor de melones siempre asegura que sus melones son dulces.

Reparte equitativamente tanto los beneficios como las pérdidas.

Comerciar es un oficio como ser sacerdote.

Los objetos regalados retratan al donador.

No pagues nunca con la piel, si puedes pagar con la lana.

Quien no puede pagar con su bolsa, paga con su piel.

Es mejor morir diez años antes que pasarlos en la pobreza.

La miseria es la sombra de la felicidad, y la felicidad, el abrigo de la miseria.

Es difícil ser pobre y no tener ningún resentimiento, tanto como ser rico y no enorgullecerse.

El que no tiene oro no es noble, y el caballo que no tiene forraje no engorda.

La desgracia convierte el oro en hierro, y la fortuna el hierro en oro.

El buen vino enrojece las mejillas del hombre, y las riquezas agitan su corazón.

Cuando se es rico, se tienen parientes en todos los grados; cuando se es pobre, no se es conocido por nadie.

Es a los ricos a quienes les faltan más cosas.

Con dinero se hace hablar a los muertos; sin dinero no se puede hacer callar a los mudos.

El que no piensa más que en amasar riquezas, no es humano; el que no piensa más que en ejercer la humanidad, no es rico.

Un comerciante sin capital es como un campesino sin bueyes.

El dinero es sangre y el oro mercancía.

Ninguna fortuna se adquiere por azar, pues sólo ser pobre es obra del destino.

Los provechos injustos son como la falsa moneda: se tienen, pero con riesgo.

Quien no tiene nada en su plato, mira a los de los demás.

Hasta los más idiotas comprenden lo que quiere decir el rico, pero ni los más espirituales comprenden lo que dice el pobre.

Nada falta en los funerales de los ricos, salvo gente que sienta su muerte.

Cuando el arroz se enmohece en la cocina, siempre hay un pobre a la puerta.

Dinamarca

El dinero corre en la casa del hombre afortunado como el agua por el río.

El que no tiene dinero en su bolsa, deberá tener palabras agradables en su boca.

El dinero es más elocuente que diez miembros del parlamento.

Cuando el carro de la fortuna rueda, la envidia y el odio se adhieren a sus ruedas.

El pobre busca de qué alimentarse y el rico de qué tener apetito.

Es más fácil satisfacer el vientre de un vagabundo que su mirada.

No simules ser pobre delante de quien no te hará rico.

Escocia

Cuando no se poseen los bienes del mundo, se tiene el conformismo.

El saldo de deudas más neto es la bancarrota.

España

A jugar y perder, pagar y callar.

Al pobre de Calatayud, le faltó dinero y le sobró salud.

Andaluz con dinero y gallego con mando, ya estoy temblando.

Aprovechador de ceniza, desperdiciador de harina.

A quien Dios quiere para rico, se le muere la mujer y le pare el borrico.

A quien más tiene, más le viene.

A quien no espera bien, no hay mal que le dañe.

A quien tiene ducados, no le faltarán primos ni cuñados.

A rico no debas y a pobre no prometas.

A un hombre rico, no le repares si es feo o bonito.

A un pobre harto de carne no hay quien lo aguante.

Bien es dar la cosa que no se puede vender.

Buen mercado, con el necesitado.

Compra en tu casa y vende en la plaza.

Con el nombre no vive el hombre.

El hombre más quiere cuanto más tiene.

Cuando se va para rico hasta las mulas paren potricos.

Cuentas claras, amistades largas.

Tanto tienes, tanto vales.

Dar es honra y pedir, deshonra.

Del mendigo ni aun su padre es amigo.

Donde no se mete y se saca, el fin se encuentra.

Don Dinero es gran caballero.

El ahorro anda pasito a pasito, pero llega lejitos.

El dinero es tan mal amo como buen criado.

El rico come cuando quiere, y el pobre cuando puede.

El viejo que no tiene, fortuna no espere.

En esta feria has de ser o mercancía o mercader.

En la casa del pobre, todos gritan y nadie oye.

En tomar y dar es fácil errar.

Entre prometer y dar, tu hija has de casar.

En vender y comprar no hay amistad.

Hasta ajustar, regatear y después pagar.

Herencia buena es una hija para la vejez.

La amistad es una cosa y el negocio otra.

La gloria es de quien la gana, y el dinero de quien lo agarra.

Los criados son enemigos pagados.

Más barato es comprarlo que rogarlo.

Más vale renta que venta.

Moneda falsa, de noche pasa.

Ni vendas a tu amigo, ni compres de tu enemigo.

No es buen trato comprar caro y vender barato.

Para ser rico y dormir, no es necesario hacer fuerza.

Pobreza no es vileza, pero por ahí empieza.

Por bien que te vaya, no vendas tu saya.

Por eso el oro es caro, porque es raro.

Por pedir, nada se pierde.

Quien paga, manda.

Quien mucho tiene, más quiere.

Quien presta al amigo, gana un enemigo.

Quien tiene buen vecino, casa pronto a su hija y vende bien el vino.

Razón y cuenta, amistad sustentan.

Recobrar la salud y sostener el fuego no se hace sin dinero.

Sal con tomates, jamón de pobres.

Salud y pesetas, salud completa.

Sano y sin dinero, medio enfermo.

Sarnosos y avarientos nunca están contentos.

Siempre lo barato fue caro.

Si pobre no te ves, no sabrás bien quién te quiere.

Si uno enriquece, otro empobrece.

Solamente es rico el que lo sabe ser.

Sisa el labriego para el usurero.

Tanto es tu valer como tu tener.

Unos mueren para que otros hereden.

Abierto el cajón, convidado está el ladrón.

Al avaro, dadle en el codo para que abra la mano.

Al dinero no se le pega el mal olor del usurero.

A quien compra y miente, su bolsa le desmiente.

A quien mucho tiene, más le viene.

Bien comprar y bien vender, eso es saber.

Buena bolsa, envidiosos y ladrones la hacen peligrosa.

Comprar y vender, buen camino para enriquecer.

El ahorro es la economía, son la mejor lotería.

Cosa rara, cosa cara.

Cuanto la caridad toca, en oro lo torna.

Del ladrón de casa, nadie me guarda.

Dijo a la justicia el dinero: «Más que tú puedo».

Dijo la muerte al dinero: «Para nada te quiero».

Los doblones ablandan los corazones.

Don sin din, blasón ruin.

El avaro es tan mezquino que tiene el arca llena y el estómago vacío.

El vendedor bien vende, si el comprador no lo entiende.

La bolsa del jugador no necesita atador.

Lo heredado no es hurtado, pero no es tan propio como lo ganado.

Lo regalado todos lo reciben con agrado.

Mundo loco, mundo loco..., ¡unos tanto y otros tan poco!

Nadie muere tan pobre que la ropa no le sobre.

No hay cosa más pesada que una deuda recordada.

Pan barato, aunque reine Poncio Pilato.

Para el avaro todo es caro.

Pobre con rica casado, más que marido es criado.

Por el dinero se mueve el mundo entero.

Por ofrecer, nadie llegó a empobrecer.

Quien más desea, pobre es por rico que sea.

Quien no tiene, descuidado duerme.

Quien sin dar ofrece, no empobrece.

Rico que ha sido pobre, corazón de cobre.

Señores que empobrecen, criados que padecen.

Seso tiene de borrico el que vive pobre por morir rico.

Si al amigo no quieres perder, con él negocios no has de tener.

Si el labrador contara, no sembrara.

Si es para escarmentar, el perder es ganar.

Si tu dinero prestas, enemigos cobrarás y el dinero perderás.

Tanto una cosa valdrá cuanto por ella darán.

Tiempo y dinero, grandes remedios.

Todo lo vende quien pan no tiene.

Tú durmiendo y tus ovejas pariendo: te estás enriqueciendo.

Un grano no hace granero, pero ayuda a su compañero.

Asno con oro, lo alcanza todo.

Quien dinero tiene, alcanza lo que quiere.

Quien tiene dineros, pinta panderos.

No hay amigo ni hermano, si no hay dinero de mano.

Guarda, mozo, y hallarás viejo.

Tres cosas pido si Dios me las diese: la tela, el telar y la que teje.

Quien todo lo quiere, todo lo pierde.

Piensa el avariento que gasta por uno, y gasta por ciento.

En el arca del avariento, el diablo yace dentro.

El avariento, donde tiene el tesoro, tiene el entendimiento.

Paga lo que debes, y sanarás del mal que tienes.

Aunque el deudor muera, la deuda queda.

Duerme quien duerme, pero no quien deuda tiene.

Puerco fiado, gruñe todo el año.

El que algo debe, no reposa como quiere.

Quien compra lo que no puede, vende lo que le duele.

Estados Unidos

No es negocio vender hielo a los esquimales.

Es una locura emplear dinero en comprar un arrepentimiento.

La caridad encubre numerosos pecados.

La mejor caridad es la justicia para todos.

El avaro está dispuesto a vender hasta el suelo que pisa.

La avaricia se sobrepasa a sí misma.

Tanto los pobres blancos como los pobres negros se acomodan mal en los buenos sillones.

Los pobres no pueden escoger.

Si los deseos fueran caballos, los mendigos se desbocarían.

Más vale mendigar que robar, pero más vale trabajar que mendigar.

Las revoluciones avanzan sobre los vientres vacíos.

Si quieres saber lo que vale un dólar, pídeselo prestado a un amigo.

El crédito perdido es como un espejo roto.

Los acreedores tienen mejor memoria que los deudores.

El dinero no tiene familia.

El rico posee la tierra, y el pobre el agua.

La abundancia arruina a las personas tanto como la pobreza.

La prosperidad pone a prueba las virtudes más que la calamidad.

De un mal deudor, saca todo lo que puedas.

Finlandia

Todo el mundo conoce la enfermedad del rico.

Con dinero se puede derruir hasta una iglesia.

Con dinero se puede hasta endemoniar la ley.

Nunca el pobre cae desde muy alto, como mucho de la escoba al suelo.

El pobre puede morir, pero no estar mucho tiempo enfermo.

La esperanza mantiene al pobre en vida, y el miedo mata al rico.

Hay más de qué comer en la cabeza de un pez que en el granero de un pobre.

Cuando el pobre tiene un bello caballo y una bella mujer todo el mundo lo envidia.

El rico paga las multas con dinero, y el pobre con la piel de sus espaldas.

Francia

El precio mejora siempre el sabor de las cosas.

Mercancía que place, es tan solo a medias vendida.

No comprar es hacerse una renta.

Domina los negocios, pero que no te dominen los negocios a ti.

Dios nos guarde del hombre que no tiene más que un negocio.

Cuando todos los pecados son ya viejos, la avaricia es aún joven.

En dar y en tomar, es fácil errar.

Lo que es bueno al tomar, debe serlo también al dar.

Quien toma, se compromete.

Al prestar, amigo; al cobrar, enemigo.

Nadie es tan generoso como el que no tiene nada para dar.

Pedir lo que es de uno no es demasiado exigir.

Quien da mal, no da nada.

Fuego, mujer y vino dulce, hacen pobre al hombre riendo.

La indigencia engendra la mentira.

Los pobres viven de lo que ellos comen.

En gran pobreza no puede haber gran lealtad.

Cuando la pobreza se presenta en la puerta, la conciencia sale por la ventana.

No se muere jamás tan pobre como se ha nacido.

En corazón pobre, pequeños anhelos.

Quien paga bien, bien servido es.

Buen pagador se es con la bolsa de otro señor.

El paraíso será de los buenos pagadores.

Bienes no son rentas.

El amor hace mucho, pero el dinero lo hace todo.

Quien tiene dinero, hace piruetas.

La fortuna es mujer: si la desprecias hoy, no esperes recobrarla mañana.

El martillo de oro abre la puerta de hierro.

¿Quieres saber lo que vale el dinero? Pídelo prestado.

El dinero contante es medicina.

Los provechos hay que tomarlos con sus cargas.

Siempre es demasiado caro lo que de nada sirve.

Grecia

El oro es un tirano invisible.

La palabra del pobre tiene poco peso.

Allí donde se encuentra un pobre, el destino está ausente.

Holanda

La pobreza exime de toda vergüenza.

El que tiene deseo de fuego lo busca hasta en las cenizas.

Todo provecho, por pequeño que sea, es una ayuda.

Una apuesta es falsa cuando ninguna de las dos partes gana.

La fortuna no espera nunca a la puerta.

La fortuna es redonda, del uno hace un rey y del otro un mendigo.

India

El avaro, ahondando el agujero para guardar su oro, llega al infierno.

El hombre ambicioso es víctima de dos fuentes de inquietud: cómo amasar el dinero y cómo gastarlo.

Si te dan la caña de azúcar, no pidas ser pagado por chuparla.

El pan de los pobres es duro, y sus días largos.

Las lágrimas de los pobres son como espadas para los ricos.

En la pobreza, tener un cráneo para escudilla es una fortuna.

Quien no tiene dinero es como un cadáver.

El dinero soñado no paga deudas.

El dinero es el hacha que separa a los amigos inseparables.

La riqueza es como árbol a la orilla de un río.

El dinero es el ladrón del hombre.

Inglaterra

La inteligencia para el pobre es como un diamante salido del plomo.

La paciencia no es el remedio de la pobreza.

La pobreza no es vergüenza, pero tener vergüenza es pobreza.

Mal se puede prestar cuando se tiene la bolsa vacía.

El dinero es siempre bienvenido, aunque llegue en un cubo de basura.

No son los bienes los que hacen la felicidad, sino el buen uso que se hace de ellos.

Más vale un penique que un hermano.

El ganar enseña a gastar.

Cualquier idiota puede ganar dinero, pero es necesario un hombre inteligente para gastarlo.

El dinero es un fruto que siempre está maduro.

Si quieres recoger dinero, antes tendrás que sembrarlo.

Irán

No tenía pan para comer y comía cebolla para abrir el apetito.

La fortuna llega con cadenas en los pies, pero las rompe todas cuando se decide a huir.

Israel

Ella se prostituye por manzanas y él las reparte a los pobres.

La limosna es la sal de los ricos.

Quien da, no debe recordar; quien recibe, no debe olvidar.

La práctica de la caridad es superior a todos los ritos y a todos los sacrificios.

Quien practica la caridad es más grande que Moisés.

El que da sin querer que los otros den: es vanidad; el que quiere que los otros den sin él dar nada: es avaricia; el que da y desea que los otros den también: es caridad; el que no quiere dar ni que se le dé: es dureza.

Si un hombre cae en la pobreza, recuerda que es tu hermano y trátalo fraternalmente.

La pobreza conviene a un judío tanto como una brida roja a un caballo blanco.

Si el rico roba, se equivoca; si el pobre se equivoca, roba.

¿A quién sirve una copa de oro si está llena de lágrimas?

El que cede sus bienes en vida, merece ser apedreado.

El hombre compra los bienes, pero son los bienes quienes le compran a él.

El dinero es un amo cruel, pero al mismo tiempo es un diligente y fiel servidor.

Quien no suma nada a su haber, se endeuda.

Italia

Quien hace por sí mismo sus negocios, no se ensucia las manos.

Más vale dar que ser obligado a hacerlo.

Quien da pan a los perros de otros, es hostigado por su propio perro.

El que da, enseña a los otros a dar.

Pedir no es faltar, pero ofrecer es obligar.

Japón

La pobreza hace a los ladrones como el amor a los poetas.

La belleza no tiene ningún atractivo para el hombre pobre.

Cuanto se está en la indigencia, se desciende al nivel de la brutalidad.

El dinero no tiene oídos, pero oye; no tiene piernas, pero galopa.

El dinero controla las órdenes del infierno.

La fortuna en la casa y el diablo en la puerta.

Madagascar

Un rico avaro no encuentra portadores más que una vez muerto.

Ser rico y privarse no es ser rico, sino hacerse guardián de equipajes.

¿Cómo será que sólo los ricos son avaros?

El rico avaro amasa su fortuna para los que le enterrarán.

Quien es rico, es tratado de noble, pero quien no tiene nada es un ladrón.

Cuando un pobre saca la mano, siempre se cree que es para robar.

En la miseria, se hace necesario apurar el fondo de los platos.

Que vuestro corazón no se confíe a las riquezas.

Los hombres reciben los honores, pero son el dinero y las riquezas los que se las procuran.

La riqueza es como los pelos de la nariz: si se arrancan molestan; y sino se arrancan, molestan también.

Nada es más blanco que el blanco puro, y ningún filtro de amor supera al dinero.

Malasia

El espinazo de los pobres es la escalera de los ricos.

Manchuria

Si sobra el arroz en la cocina, es seguro que hay hombres hambrientos en la carretera.

Es difícil ser pobre sin envidia, y fácil ser rico con orgullo.

Marruecos

La miseria no mata, pero sus insultos no se olvidan.

El pobre es una bendición para el pobre.

El pobre llora y Dios le da el motivo para hacerlo.

Quien tiene una fortuna tan grande como el mar, tiene también a su lado quienes se la beberán.

Si la fortuna se vuelve contra ti, ponla sobre tus espaldas.

La familia es el gusano roedor de la fortuna.

Mongolia

La fortuna es para la vida lo que la rosada para la hierba.

Noruega

Para recibir lo que se quiere, es necesario dar lo que no se quiere.

La pobreza es grande, pero hay mucha gente en el mundo para compartirla.

No muere pobre el que es rico en estima.

Quien no tiene nada, no tiene nada que perder.

Polonia

Con un «Dios le bendiga» no se compra nada.

Quien tiene los pies desnudos, no puede hacer mucho mal.

Sonreír de hambre es sonreír mintiendo.

Para el pobre, hasta su noche de bodas es corta.

Cuando el campesino es pobre, el país entero es pobre.

El pródigo es un futuro mendigo, y el avaro lo es eternamente.

Más vale un ducado antes del proceso, que tres después.

Portugal

Ser lento en dar es como negar.

Hay mucha harina en Castilla, pero el que no la posee siente el hambre en su vientre.

Si un pobre te da algo, espera de ti mucho más como recompensa.

El dinero es la medida de todas las cosas.

Un cerdo a crédito hace un buen invierno pero una mala primavera.

Rumanía

Con dinero puede comprarse hasta queso de liebre.

La riqueza no tiene amo.

La fortuna del rico se come las migajas del pobre.

Al hombre rico hasta el diablo le hace regalos.

Si combates con pica de oro, vencerás.

Si das, olvida; si tomas, recuérdalo.

El pobre compra siempre más caro y vende el que más barato.

El pobre no teme a los ladrones.

Todo pobre tiene su pobre.

Las lágrimas de los pobres, ni el viento puede secarlas.

Es difícil para el pobre vivir, y para el rico morir.

Es el rico quien comete la falta y el pobre quien pide perdón.

Rusia

Los negocios son como el hollín blanco.

Para el avaro, el alma vale menos que una moneda de cobre.

Un regalo pide otro.

Hasta los iconos te mirarán mejor, si enciendes un cirio ante ellos.

Cuando el dinero habla, la verdad guarda silencio.

A través del oro corren las lágrimas.

El dinero de otro siempre tiene los dientes largos.

La red para el pez y el dinero para el hombre.

Si das una nuez a alguien, dale también con qué cascarla.

Nadie sabe cómo come el pobre.

El pobre es libre antes que el rico siervo.

Al pobre le sienta tan bien el orgullo como una silla de montar a una vaca.

La pobreza no conoce ni el espíritu ni el honor.

La verdad es fuerte, pero el dinero lo es más aún.

Suecia

El rico tiene cinco sentidos y el pobre, seis.

Suiza

Son necesarias buenas piernas para llevar un día de fortuna.

Turquía

Los hombres hacen los negocios y los negocios a los hombres.

El avaro pierde más que lo que gasta el generoso.

Los caballos no pueden andar por el mármol.

Por las monedas que tiene guardadas, el avaro puede contar sus enemigos y sus villanías.

Todos los asuntos del avaro terminan en querellas.

Obtener algo del avaro es tan difícil como cavar una zanja en el mar.

Quien pide limosna se ruboriza una vez, y quien la rechaza dos.

El que da poco, da de corazón; el que da mucho, da de su riqueza.

El pobre no conoce ni padre ni madre.

Al pobre sin sueño y sin ilusiones, no le queda más que morir.

Para lo que más utiliza su boca el pobre es para hablar de los bienes del rico.

Antes de que el hospicio esté acabado, los pobres ya esperan a la puerta.

El fuego pone a prueba el oro, y el oro pone a prueba el juicio.

El oro no tiene lengua, pero cuando habla, todo el mundo calla.

El hombre consume el oro y el oro consume al hombre.

La pobreza es una camisa de fuego.

Quien compra lo superfluo, vende lo necesario.

El vinagre gratis es más dulce que la miel.

El molino no molerá si no es engrasado.

El vientre puede estar lleno, pero los ojos pueden tener hambre.

Si un rico se cae, es un accidente; pero cuando se cae un pobre, se dice que está borracho.

Cuando os digan que es mejor ser pobre que rico, no lo creáis.

El provecho es hermano del perjuicio.

La riqueza se da a conocer por sí misma.

El dinero no gana al hombre, es el hombre quien gana al dinero.

Dar al rico es como llevar agua al mar.

El dinero es una lengua que habla y una mano que mata.

El sable de dinero corta al sable de acero.

Bolsa llena, cara plena.

Ningún cuchillo corta la mano de oro.

Salud sin dinero es enfermedad sin dolor.

El dinero prestado se va riendo y vuelve llorando.

Mil lágrimas no saldan una deuda.

Nada reprime al hombre como la falta de dinero.

El hombre valiente no se hace cruel hasta que no le falta el dinero.

El oro es una tierra amarilla que no tiene lengua, pero allí donde comienza a hablar, todo el mundo se calla.

Si la fortuna te es favorable, la felicidad te llegará desde el lejano Yemen; pero si te es contraria, la felicidad se escapará de tus labios.

El dinero hace prudente a la locura y loca a la prudencia.

Yugoslavia

No hay castillo más fuerte que un pobre.

El vientre no tiene ventanas.

El harto no cree al hambriento.

LOS SENTIMIENTOS

Afganistán

Cuando llega la noche, el miedo se tiende a la puerta, y cuando llega el día, se marcha a las colinas.

África

La esperanza es el pilar del mundo.

Alemania

La envidia se envidia a sí misma.

Arabia

Hasta la misma cólera de Dios está mezclada de misericordia.

El ave que se mata danza sin su dolor.

No desesperes en medio de las más sombrías aflicciones de tu vida, pues de las nubes más negras cae un agua limpia y fecundante.

Si una calamidad te aflige, ocúltala.

Lo que salva al mundo es la humildad de los que tienen su boca cerrada cuando se les insulta.

No eleves tu voz y bajes tus pupilas, ya que ante la voz que decide la vida, hasta un asno levantaría dos casas con un rebuzno.

El hombre es generado por el esperma que sale por el canal de la orina, y más tarde por un grumo de sangre y una masa de carne. Piensa por tanto en ello cuando te enorgullezcas de ti mismo.

No te sientas superior, puesto que nunca serás tan ancho como la tierra ni tan alto como las montañas.

Si deseas una perfecta pureza de corazón, abraza por entero tu miseria.

Cuando seas sabio, colócate siempre por debajo del ignorante.

La humildad es el hilo con el que se encadena la gloria.

No adornes tu exterior, a fin de que tu interior aparezca luminoso.

La humildad conduce a la grandeza.

Si conoces a alguien más favorecido que tú por la fortuna y la belleza, mira a tu interior.

El hombre no siente la verdadera piedad más que cuando deja a un lado lo que se trama en su corazón.

La piedad es la obra del corazón.

La piedad está entre las mejillas y los oídos, pero no en lo alto de las montañas.

La verdadera mezquita es la que se construye en el fondo del alma.

Nadie puede sentirse en posesión de la verdadera fe, si no desea para su prójimo lo que desea para sí mismo.

No se puede esperar la verdadera piedad mientras no se entregue como limosna lo que se posee de más.

No hay superioridad entre un árabe y un no árabe o a la inversa, ni entre un blanco y un negro o a la inversa, salvo en la piedad.

Hasta si adoras a una piedra, tu fe sólo será grande y bella si surge de tu corazón.

La verdadera fe no es la adoración sentida hacia las cualidades de otro, sino aquella que se encuentra profundamente hundida en el corazón y que se verifica por la acción.

El guerrero de la fe combate con su corazón.

Cuando la muerte llega, el perro se pasea a todo lo largo de la mezquita.

Armenia

Si el miedoso ve un gusano luminoso, grita: «¡Fuego!»

El dolor galopa a caballo, pero el remedio llega a pie.

Birmania

Solamente lo alto hace sombra.

No coloques tu confianza más allá de ti mismo.

Colombia

Quien espera, desespera.

China

No os preocupéis nunca de lo que vuestro corazón ha dicho.

Quien conoce su corazón, desconfía de sus ojos.

Corazón podrido, boca maloliente.

Quien ensancha su corazón, encoge su boca.

Saber soportar un momento de cólera es saber evitar un siglo de disgustos.

En la cólera, piensa en el peligro que puede sucederla.

Se desconfía menos de los demás cuanto más se desconfía de uno mismo.

Quien desconfía de sí mismo, no tiene nada de lo que desconfiar.

Dinamarca

Cuando se tiene sitio en el corazón, también se tiene en la mansión.

Sufre tanto un gorrión cuando se hiere una pata, como cuando le ocurre a un caballo de Flandes.

Quien ama la tristeza, encontrará siempre alguna cosa de la que lamentarse.

Escocia

Que la esperanza no te lleve jamás a despreciar lo que tienes.

España

Súfrase quien penas tiene, que tiempo tras tiempo viene.

Más vale buena esperanza que ruin posesión.

Al que de miedo se muere, de cajones se le hace la sepultura.

Al espantado, la sombra le espanta.

Antes de la hora gran denuedo, venidos al mundo, venidos al miedo.

Al que mal vive, el miedo le sigue.

Cuando la cólera sale de madre, no tiene la lengua padre.

El perro con rabia a su amo muerde.

El que se traga un hueso, confianza tiene en su pescuezo.

¿Quieres hacerte amar? Hazte desear.

Donde hay amor, hay dolor.

El envidioso es de mala condición, pues por dañar a otro quiere su perdición.

La envidia es la sombra de la gloria.

¡Si la envidia fuera tiña, cuantos tiñosos habría!

Mejor es envidia que mancilla.

Donde fuiste paje, no seas escudero.

Dueña que en alto hila, abajo se humilla.

Al freír será el reír.

Rogar al santo hasta pasar el tranco.

De desgraciados está el infierno lleno.

Yo a vos por honrar, vos a mí por escornudar.

Quien da a perro ajeno pierde el pan y pierde el perro.

El asno sufre la carga, pero no la sobrecarga.

Mulo cojo e hijo bobo lo sufren todo.

Sufra quien penas tiene, que tras un tiempo otro viene.

Quien tiene vergüenza, ni come ni almuerza.

Más vale vergüenza en cara que dolor de corazón.

Se irá lo amado y quedará lo colorado.

Quien no tiene vergüenza, toda la calle es suya.

A poca barba, poca vergüenza.

Afligir más al afligido es de corazón podrido.

Las cosas que se hacen deprisa, se sienten despacio.

Cuando la vieja se quiere alegrar, se acuerda de su ajuar.

Desdichado el que no es envidiado.

Es dichoso el que no se parece a otro.

La ira con la locura linda.

Mal ajeno es ruin consuelo.

Más vale amenaza de necio que abrazo de traidor.

La pasión ciega la razón.

Las penas no matan, pero rematan.

Quien no tiene contento, no halla buen asiento.

Sea dichoso el que puede, si no lo es el que quiere.

Sin penas, todas las cosas son buenas.

Si quieres ser dichoso, no estés nunca ocioso.

Vaso ruin, con poco rebosa.

En el sufrir y el esperar está el alcanzar.

Gozo que se comunica se achica.

Quien no olvida, atormenta su vida.

Sufrir mal el mal es mayor mal.

Viejos y a la par dichosos, muy pocos.

Estados Unidos

El último refugio de la cólera se halla en el corazón de un loco.

El hombre encolerizado abre la boca y cierra los ojos.

Cuando la olla hirviendo se desborda, ella misma se calma.

Esperanzas de todas las clases atan el corazón al poste.

Hay esperanza en la certidumbre, pero no certidumbre en la esperanza.

Francia

Un alma sola, ni canta ni llora.

El rey de los deseos muere en el hospital.

No es necesario guardar las fiestas antes de que lleguen.

Como se conoce a los santos, se les festeja.

Fiesta pasada, adiós al santo.

Grecia

El que vive de esperanzas, muere con el viento.

Holanda

El que tiene miedo, corre a la iglesia.

La piedad complementa a la justicia.

India

Podrán pesarse los granos de arena, pero es imposible pesar el corazón.

Cubre tu cólera con tu alegría al igual que el lago tranquilo oculta al caimán.

En el árbol a donde no se puede subir hay ocho mil frutos.

¿Quién se ha detenido jamás en los límites del deseo?

Allí donde reina el miedo al tigre, se hace de noche.

Inglaterra

La esperanza eleva en alto la cabeza.

La esperanza es el pan de los desdichados.

El que vive de esperanza tiene un mal régimen.

Si no existiera la esperanza, el corazón estallaría.

Es bueno esperar, pero también poseer.

No hay nada, que se seque más rápido que las lágrimas.

Las alegrías del hombre poderoso son las lágrimas del pobre.

Italia

El que no tiene coraje debe tener piernas.

Quien tiene miedo, hace crecer el coraje de su rival.

A fuerza de vivir de esperanza, se muere de desesperación.

Marruecos

El corazón es un guía al que siguen los pies.

Todo apasionado depende de lo que le da su corazón.

La cólera es como un estanque que, hasta que no se llena, no puede quedar limpio.

No está triste más que el que comprende.

Rumanía

La compasión de un extraño es como la sombra de una espina.

Se coge al buey por los cuernos y al hombre por el corazón.

Ni siquiera en el paraíso es bueno estar solo.

Rusia

Un hombre solo no hace un soldado.

Para el rey de la esperanza no hay invierno.

Suecia

La afectación es aprendiza del orgullo.

Tíbet

La luna se ensombrece cuando se acerca el sol.

Turquía

Quien se contenta de esperanza, muere de hambre.

Donde hay un alma, hay una esperanza.

El vicio
y la virtud

África

La paciencia es un árbol cuyas raíces son amargas, pero sus frutos son dulces.

El día largo existe; el que vendrá todavía no existe.

Por larga que sea la noche, el día siempre llega.

Si has visto la frente del recién llegado, has visto también la parte posterior de su cabeza.

El que quiera la miel deberá soportar los aguijones de las abejas.

Al final de la paciencia está el cielo.

El hombre paciente hará cocer una piedra hasta que hierva.

La paciencia es el talismán de la vida.

Soñar durmiendo vale más que soñar despierto.

Si huyes de un caballero, huye antes de tiempo; si cazas a un rufián cázalo antes de haberle visto.

Nadie puede tejer todos los vestidos que necesitan los desharrapados en el tiempo de las lluvias.

Quien ha vestido a nueve desharrapados, vestirá diez.

La duda no hace al ritual.

El que tiene miedo de lo blanco, nunca comerá cagarrutas de hiena.

Ser interrogado sobre lo que se sabe y decir que no se sabe, es poner la cabeza al abrigo.

El antílope comienza a dormir hambriento, y se dice a sí mismo: «Ya comeré más tarde».

Cuando comas piensa en dejar algo en el viejo saco.

El silencio es salud.

El silencio es como un recién casado que se ha tragado un hueso en su noche de bodas.

El vicio se desvanece, pero no muere jamás.

El bastón toca el hueso, pero no llega jamás al vicio.

Alemania

El beodo inteligente es un loco sobrio.

El vino hace decir los secretos.

Es feliz quien olvida lo que no puede remediarse.

Un buen medio para arruinarse es olvidar.

Guarda silencio o di alguna cosa que sea mejor que el silencio.

Hablar viene de la naturaleza, y el silencio de la comprensión.

Por una buena cualidad, el hombre tiene cinco malas.

Arabia

El pobre privado de paciencia es como una lámpara a la que se le ha acabado el aceite.

Cierra la mano, pero cuenta tus dedos antes.

Si quieres guardar tu casa, mira a todos los hombres como ladrones.

Desconfía de ti donde tengas confianza.

Juega solo y ganarás.

No pretendas beber en la fuente del príncipe.

Si tienes por enemigo a una hormiga, considérala como a un elefante.

Desconfía de aquel a quien has favorecido.

El agua duerme, pero el enemigo no.

No juegues con los perros, si no quieres que se conviertan en tus primos.

Si encuentras varios chacales comiendo carroña, hazte chacal y come con ellos, pues de lo contrario te comerán a ti.

Come con fantasía, pero vístete al gusto del mundo.

A quien veas montar en asno, dile: «Señor, qué feliz se debe sentir su caballo».

Besa al perro en la boca hasta que hayas obtenido lo que deseas.

Procura que tu lengua no haga que te corten el cuello.

Quien ha sido mordido por una serpiente teme a la punta de una cuerda.

Si encuentras a quien adora al toro, corta hierba y ofrécesela.

Tu vecino es como el espejo: si no ve tu rostro, ve tu nuca.

No cuentes tus penas a otro, que se reirá: el gavilán y el buitre se abaten sobre el herido que gime.

No reveles tus secretos ni aun en un desierto rodeado de colinas, pues el eco podría propagarlos.

No pronuncies ni una sola palabra sin haber pedido consejo a tu corazón, pues es mejor para un hombre dar un paso en falso en su corazón que darlo con su lengua.

No pongas tu confianza en el hombre, ya que miente.

En el país de la seguridad no es necesaria la confianza.

Es prudente cambiar de vestido según la temperatura del día.

Ningún exceso de precauciones tuerce la voluntad del destino.

No comuniques tus secretos a tu hermano, pues puede ocurrir que un día se convierta en tu enemigo.

Antes de adquirir tu casa, infórmate de tu vecino.

Si tu vecino te detesta, cambia tu puerta.

Si tu camello vacila sobre sus patas, cárgale la carga de un asno.

La jarra que tiene dos asas, puede ser llevada entre dos.

El ladrón inteligente no roba a sus vecinos.

Sólo el que guarda sus secretos es dueño de su vida.

Besa la mano de tu enemigo, si no puedes cortarla.

Estipula en el momento de la siembra, pero no en el de la recolección.

Tu lengua es como tu caballo: si la guardas, te guardará; si la traicionas, te traicionará.

Da tu pan al panadero para cocer aunque te quite la mitad.

Extiéndete en el lecho según la largura de tu manta.

Cuando la saliva sale de la boca, ya no vuelve a ella jamás.

No arrojes tus plumas fuera de tu nido.

No se pueden poner en el mismo lugar el fuego y la lana.

No arrojes nunca la piedra en el pozo donde has bebido.

Entretén al perro arisco con un hueso.

El silencio es la más dulce medicina para el corazón.

Armenia

Para quien hace cada cosa a su tiempo, cada día vale por tres.

Repara tu trineo en verano y tu carreta en invierno.

Bélgica

Mal que se calla, queda sin consejo; dolor que se oculta, queda sin remedio.

La boca siempre cuesta mucho.

Bulgaria

El silencio encoleriza al demonio.

China

¿Quién es el verdadero héroe? El que más coraje emplea contra sí mismo.

En los días de abundancia, recuerda siempre la pobreza.

No pierdas de vista el peligro en los días de seguridad, al igual que los políticos no olvidan en la paz las épocas de turbulencia.

El rico sueña con el año que ha de venir, y el pobre con el día presente.

El que no prevé el porvenir de lejos, se halla en la víspera de sentirse desdichado.

Un santo no es de esta vida.

El santo emplea su vientre para satisfacerse, pero no los ojos, que son insaciables.

La santidad es una conquista y no una gracia.

El santo o el hombre superior ama a todos los seres vivientes.

La más grande virtud es como el agua que es buena para todas las cosas.

La virtud superior no es reconocida como tal, pero es la esencia suprema de la virtud.

Si no se exhorta a los hombres pierden la virtud, al igual que una campana no suena, si no se la bandea.

Todas las virtudes que adquiere el príncipe son desgracias para los rufianes.

La virtud no es como un orfelinato abandonado: debe necesariamente tener inquilinos.

No se debe pensar nunca en la distancia, cualquiera que sea que nos separa de la virtud.

La virtud es tan ligera como una pluma, pero hasta una pluma tiene su peso.

Con la virtud de la calma y la serenidad se conquista el mundo.

El hombre saturado de virtud es como un niño.

No conformes a tu conciencia considerando al vicio trivial, ni trivialices a la virtud desconsiderándola.

Quien se identifica con el vicio, ve al vicio correr en su ayuda.

España

Como se vive, se muere.

Lo mejor de los dados es no jugarlos.

Hijo envidador no nazca en casa.

Pájaro triguero que no entre en mi granero.

El arroz, el pez y el pepino nacen en agua y mueren en vino.

No hay manjar que no empalague, ni vicio que no enfade.

Quien desee ser mucho tiempo viejo que empiece a serlo presto.

Aunque las calzo, no las ensucio.

No se ha de exprimir tanto la naranja como para que amargue el zumo.

Abájanse los adarves y álzanse los muladares.

Quien no se alaba, de ruin se muere.

No se acuerda el cura de cuando fue sacristán.

Escudero pobre, taza de plata y olla de cobre.

Quien se levanta tarde, ni oye misa ni toma carne.

A buey harón poco le presta el aguijón.

El buey ruin, holgando se descuerna.

Con paciencia se gana el cielo.

Paciencia y barajar.

A su tiempo maduran las brevas, o las uvas.

Pajar viejo, cuando se enciende, malo es de apagar.

Pasión no quita conocimiento.

Pajar viejo arde más presto.

Se van los amores y quedan los dolores.

Quien no trae soga, de sed se ahoga.

Quien destaja, no baraja.

El dar y el tener, seso ha menester.

A la mujer brava, dale la soga larga.

A quien has de acallar, no le hagas llorar.

A caballo comedor, cabestro corto.

La mano cuerda no hace todo lo que dice la lengua.

Al más prudente cede el más potente.

El bobo, si es callado, por sesudo es reputado.

El buen suceso disculpa la temeridad.

A tu gusto, mula, y le daban de palos.

Treinta monjes y un abad no pueden hacer beber a un asno contra su voluntad.

Tripas llevan corazón, que no corazón tripas.

Oro es lo que oro vale.

Más vale ser cabeza de ratón que cola de león.

Más vale una traspuesta que dos asomadas.

Más vale algo que nada.

Más vale tarde que nunca.

Más vale año tardío que vacío.

Más vale malo conocido que bueno por conocer.

Más vale maña que fuerza.

Más valen migajas de rey que merced de señor.

Los valientes y el buen vino duran poco.

Compañero ingenioso, hace el camino corto.

Contra todos vicios, poco dinero.

Costumbre mala, tarde o nunca es dejada.

Dados, mujeres y vino sacan al hombre del buen camino.

De hombres es errar y de bestias ser herrado.

Dos que duermen en un mismo colchón, se vuelven de la misma condición.

El chisme agrada, pero el chismoso enfada.

El juego, la mujer y el vino sacan al hombre de tino.

El mentiroso es poco memorioso.

El sesudo y el necio se descubren en el juego.

En la duda, ten la lengua muda.

En lo que no me viene ni me va, tú allá y yo acá.

Entre putas y soldados, los cumplimientos son excusados.

Grande y bueno a la par, cosa es de admirar.

Hablar poco y mal ya es mucho hablar.

Hacienda hecha, quita pereza.

Hermosura y castidad, pocas veces juntas van.

Honra merece el que a los suyos se parece.

Ignorar es peor que errar.

Jugar y perder, ni es virtud ni saber.

La bebida moderada es salud para el cuerpo y alegría para el alma.

La carne ociosa siempre es lujuriosa.

La necesidad es enemiga de la castidad.

La pereza es la llave de la pobreza.

La sangre se hereda y el vicio se pega.

Madruga y vivirás; trabaja y tendrás.

Medias caídas, vergüenza perdida.

Más vale prudencia que fuerza.

Muchos comienzan y pocos acaban.

Muerto anda en vida quien tiene la fama perdida.

Muy buenos somos, cuando enfermamos.

No hay virtud alguna que la pobreza no destruya.

No peca de gula quien nunca tuvo hartura.

No se dice perfecto donde hay defecto.

Para mentir y comer pescado, hay que tener mucho cuidado.

Poco se gana a hilar, pero menos a holgar.

Por los ojos entran los antojos.

Preguntar es no querer ignorar.

Presumir y no valer, es mascar sin comer.

Puta y paje, nunca de mal linaje.

Quien de mozo no trabaja, de viejo duerme en la paja.

Quien mal anda, mal acaba.

Quien habla mal, oye peor.

Quien no sabe callar, no sabe hablar.

Quien no tiene vergüenza, toda la calle es suya.

Remedio contra la lujuria: mujer fea y barbuda.

Ruin es quien por ruin se tiene.

Si los envidiosos volaran, siempre estaría nublo.

Sin beber y sin comer no hay placer.

Tarde y mal, dos veces mal.

Tiempo y reflexión matan pasión.

Usando hazte diestro, y saldrás buen maestro.

A la pereza sigue la pobreza.

Al hombre porfiado, el mejor bofetón es dejarlo.

Al mal trabajador, no le viene bien ningún azadón.

A quien no tiene qué hacer, se le cae la casa sobre él.

Árbol que torcido creció, nunca se enderezó.

Buenos y tontos se confunden al pronto.

Buen podador, buen viñador.

Casa ajena sabe criticar quien la propia no sabe guardar.

Criticar es más fácil que imitar.

De borracho a loco va muy poco.

Del trabajar nace el descansar.

De repente, no hay discreto ni valiente.

El celo desmedido despierta a quien está dormido.

El ignorante es poco tolerante.

El placer engorda más que el comer.

El ruin muere en su tierra, y el hazañoso fuera de ella.

Hay hombres vanos que tienen lengua y no tienen manos.

Hermosura sin bondad, más que un bien es un mal.

Ir romera y volver ramera, le sucede a cualquiera.

Machacando, machacando, el herrero va afinando.

Mucho abarcar y poco apretar andan a la par.

Mucho gastar y poco tener..., ya me puedes entender.

Mucho hablar y poco obrar andan a la par.

Nadie sabe bien su oficio, si no lo toma como vicio.

No hay placer sin comer ni beber.

Ocasión y tentación, cosa muy parecida son.

Para aprender, lo principal es querer.

Para hacer las cosas bien, guarda en tono un ten con ten.

Para trabajar, maña, y para comer, gana.

Perder por ganar, ahogarse por respirar.

Puta y fea, poco putea.

Quien a la taberna va y viene, dos casas mantiene.

Quien la hizo una vez, la hará ciento diez.

Quien mucho se excusa, de pecador se acusa.

Si me ven que me vean, yo sigo con mi tarea.

Tonto instruido, tonto perdido.

Virtud es hacer bien y egoísmo también.

Vivir prevenido es de hombres de buen sentido.

Es mozo diestro el que aprende oficio sin maestro.

Estados Unidos

Con paciencia y un poco de saliva, el elefante puede llegar a comerse una hormiga.

Francia

El juego y la botella hacen a todos los hombres iguales.

Al buen jugador, la pelota le viene.

La pelota busca al jugador.

A la larga, la lima se come al hierro.

Desconfía del hombre que habla poco, del perro que ladra poco y del etcétera de un notario.

No pongas tu esperanza más que en tus precauciones.

La desconfianza es la madre de la seguridad.

Quien no se compromete en nada, disfruta de una paz total.

El silencio es el alma de las cosas.

Tanto vale la cosa como se la hace valer.

Grecia

Los perezosos se pasan la vida rascando la tripa de las cigalas.

Holanda

Es la modestia la que lleva la verdadera corona.

No confíes a nadie lo que te has confiado solamente a ti mismo.

India

Al perezoso, las deudas le caen sobre los bigotes, sin que se decida a llevárselas a la boca.

Quien es prudente nunca dice sus pensamientos a otro, antes de haber conocido los de éste.

El jactancioso que muere, no puede volver a la vida.

Irán

La paciencia es un árbol con raíces amargas y frutos sabrosos.

Israel

Un héroe es aquel que conquista sus pasiones.

Un héroe solo es reconocido en los tiempos de infortunio.

Los soldados hacen la guerra, pero son los reyes los héroes.

El orgullo es la máscara de nuestros propios defectos.

Cuando se crece entre sabios, se aprende que lo más provechoso es el silencio.

Saber estar callado es más difícil que hablar bien.

La sabiduría implica silencio.

La temeridad es como un reino sin corona.

Italia

Un cerebro influido por la pereza es el taller del diablo.

El mundo es de los pacientes.

El silencio es una respuesta suficiente.

El silencio no ha sido jamás escrito.

Quien no sabe nada, debe saber al menos cómo guardar silencio.

Japón

Las palabras no pronunciadas son las flores del silencio.

El insecto silencioso atraviesa las murallas.

El mejor loto es el que crece en medio del lodo.

Madagascar

El perezoso que acaba de comerse una banana, pregunta: «¿Puede plantarse la piel?»

La pereza camina tan lentamente que la miseria la alcanza en seguida.

Más vale un holgazán muerto que una marmita rota en pleno desierto.

Malasia

Nueve paciencias y nueve perseverancias hacen posible la obtención de oro.

Manchuria

Presta atención a lo que la gente aprueba y reprueba.

Quien no oculta nada en su corazón, encuentra todas las cosas claras.

En cuanto el santo es un hombre, siempre hay cosas que no puede hacer.

No hay hombre virtuoso que tenga el poder de amar y de odiar a los hombres.

La virtud nunca resulta preferida a la belleza.

La virtud del sabio es como el viento, y la del hombre vulgar como la hierba: cuando el viento pasa por encima de la hierba, ésta se doblega.

Marruecos

No compres la casa antes de haber comprado al vecino.

Mongolia

Las pasiones son como las manchas.

Cuando el agua es muy clara, no hay en ella peces; cuando el hombre es virtuoso, no tiene amigos.

Aunque se muela o se funda el oro, nunca podrá destruirse su color.

A lo alto del orgullo, el agua de la virtud no llega.

Rumanía

Quien sorbe su boca, come su culo.

Desconfía del nuevo rico y del viejo mendigo.

Hasta el silencio puede ser una respuesta.

Rusia

Es necesario habituarse a todo, incluido el infierno.

Si eres inteligente, no te lamentes de que el machete corte mal.

La modestia obliga al cielo a inclinarse.

Unos limpian el pozo y otros sacan el agua.

Paciencia, cosaco, que ya llegarás a atamán.

No intervengas en el trabajo de tu criado, pero tampoco te alejes de él.

El gusano vanidoso que quiere parecerse a la serpiente, se estira tanto que acaba por romperse.

El saltamontes no tenía caballo y no quería caminar a pie.

Siria

El heroísmo está en la paciencia de un momento.

Suecia

El que no tiene más que virtudes no por eso es mucho mejor que aquel que no tiene más que defectos.

Tíbet

Come según la altura de tu saco de provisiones, y camina según la largura de tus pasos.

Turquía

Se monta a caballo y se olvida a Dios, se desciende del caballo y se olvida al caballo.

La paciencia es la clave de la alegría.

Con celo y paciencia, el ratón agujerea la madera.

Con paciencia, el polvo se convierte en confitura.

Conviene ser siempre sordo de un oído.

No hay que creer más que la mitad de lo que se oye, pues conviene tomar y dejar.

Desconfía del hombre al que has favorecido.

Envía al criado a por fruta, pero síguele.

El hombre prudente lee la carta al revés.

Si subes a un árbol, no dejes tus babuchas en el suelo.

Donde has aprendido, no seas maestro.

No cortes la cola de tu asno en público: unos te dirán que se la has dejado muy corta y otros, que muy larga.

Aplaza tanto el compromiso como la ruptura.

No confíes en ningún príncipe, ni en la calma del mar, ni en el crepúsculo, ni en la palabra aduladora de una mujer, ni en el coraje de un caballo.

Si quieres vender un cuervo, habla de un ruiseñor.

¿Quién puede apercibirse de que se cierren los ojos en la oscuridad?

«No sé nada, no he visto nada»: he aquí la mejor respuesta.

Si hablas todo lo que te plazca, se dirá de ti lo que no querrías que se dijera.

Oculta tu secreto a tu amigo, y tu nombre a tu enemigo.

No se sabe de nadie que haya hecho queso negro.

Quien enseña el trigo, quiere vender la cebada.

El hombre demasiado prudente acaba por herirse el ojo en un madero.

Escucha, pero no siempre creas.

El que pone freno a su lengua, pone al abrigo su cabeza

La noche está embarazada del mañana, pero, ¿quién sabe lo que dará a luz?

Abre el ojo, si no quieres que te lo abran.

Yugoslavia

Se puede sondear todo, menos el silencio de un hombre.

La vida
y la muerte

Abisinia

Cuando la muerte tarda en llegar, se cree que no va a venir nunca.

Se viaja y se viaja, pero se acaba por volver a casa; se vive y se vive, pero se acaba por volver a la tierra.

El hombre joven sólo ve el cielo, pero más tarde sólo verá la tierra.

El cabello gris dice: «He venido para quedarme».

Afganistán

Tal como la sombra, que del sol se va, así es nuestra vida.

Uno estaba en trance de morir, y otro le pedía la hija en matrimonio.

La fiebre se le curó, pero murió.

África

Quien no tiene madre, debe guardarlo todo en su corazón.

La muerte resulta siempre una cosa nueva.

La muerte de mi amigo no me llevará al cementerio.

La muerte no hace sonar a la trompeta.

El que dice «huyo de la muerte», se cansará las piernas.

No creas que la muerte te olvida a ti, cuando se ha acordado de otros.

No hay colina sin tumba.

Más vale enfermedad que tumba.

El sueño es el primo de la muerte.

La oración no es·ninguna defensa contra la muerte.

La muerte no es lo malo, sino que ella te sorprenda sin haber hecho nada en provecho de los hombres.

El que ha vivido sin apercibirse de ello, si muere, nunca ya podrá recuperar el tiempo perdido.

Mientras se vive, todo es posible.

La muerte está en los pliegues de nuestros vestidos.

El leopardo muere con los colores de su piel.

Los negocios de un muerto no acaban nunca bien.

Se conoce el lugar donde se ha nacido, pero no donde se ha de morir.

La muerte no perdona.

Sobre la tierra somos extranjeros, pues nuestros compatriotas son los muertos.

Entre tantos días perezosos, sólo hay uno activo, el de la muerte.

Albania

Si el amor es duro, más dura es la muerte.

Contra las gotas de agua que atraviesan el techo y contra la muerte que traspasa la puerta, no existe ningún refugio.

Alemania

Aprende mucho el que aprende a morir.

Todos los hombres son más ricos cuando nacen que cuando mueren.

Desde que se nace, se comienza a morir.

No hay más que morir para hacerse alojar.

La mortaja no tiene bolsillos.

La vejez llega sin que se la llame.

La vejez es un huésped intempestivo.

Los viejos cada día tienen algo nuevo.

La vejez con amor es como un invierno con flores.

La vejez es una enfermedad de la que se muere.

La vejez es un hospital en el que son recibidas todas las enfermedades.

Como los viejos cantan, las mujeres enseñan.

Arabia

Hazte polvo bajo los pasos de tu madre, pues el paraíso estará allí donde pisen sus pies.

Eres hijo de muertos y beberás la misma agua que ellos.

Toda alma debería conocer a la muerte antes de morir.

Todos los males, a excepción de la muerte, son un bien.

La muerte es un impuesto que pende sobre nuestras cabezas, y no hay otra salida que pagarlo.

Nuestro mayor y único enemigo es el sepulturero.

Prepárate para la muerte antes de morir.

Se muere como se ha vivido.

A la hora de la muerte nadie miente.

Si Dios no hubiera inventado la muerte, nos comeríamos los unos a los otros.

No atormentes a los muertos en su tumba.

La muerte es el consuelo del pobre.

La muerte llega en el momento justo, ni un minuto antes ni después.

El sordo sufre en su tumba tanto como el vivo en su casa.

La tumba es la madre de todos.

Nadie sabe en qué país morirá.

La muerte está más cerca de nosotros que nuestros mismos párpados.

La naturaleza se reconcilia con el género humano en el secreto de la tumba.

No se conoce a nadie aún que haya huido de su tumba.

No te amaba cuando estabas vivo, pero comienzo a amarte ahora que estás muerto.

La vida es una astucia: quien es astuto, vivirá.

Armenia

Tanto atrae la tierra que los viejos andan encorvados.

Hay una vida de hierro y otra vida de oro.

Bélgica

Las liebres vienen a tirar de las barbas del león sólo cuando éste ha muerto.

Birmania

Un niño sin madre es como un pez sin agua.

Se muere de vergüenza, pero no de miedo.

Un hombre sigue siempre vivo, si la hora de su muerte no ha sido señalada todavía por su destino.

Bulgaria

Quien grita al nacer, conoce la causa cuando muere.

Colombia

Quien tiene que morir, muere en la oscuridad, aunque sea vendedor de candelas.

China

La muerte sorprende al hombre buscando riquezas, lo mismo que el hombre sorprende al pájaro buscando su alimento.

Muriendo, la pantera deja su piel; muriendo, el hombre abandona su renombre.

Morir es acabar de vivir, pero acabar de vivir es otra cosa que morir.

La gran muralla de China se mantiene aún en pie, pero no así Chin Sing Huang, que la construyó.

Si envidias las riquezas de un hombre, no envidies su alimento; si estás descontento de la vida, no lo estés de la muerte.

Cuando el hombre viene a la vida, viene también a la muerte.

No hay lugar para la muerte en quien encuentra un sentido a la vida.

El hombre desaparece como la luna tras la montaña al llegar el alba.

Más vale salvar a un moribundo que enterrar a cien muertos.

Las tumbas se abren a cada instante y se cierran para siempre.

El hombre es un siglo, y la hierba una primavera.

Ni el hombre conoce cien días de felicidad, ni la flor conserva durante cien días su color.

La vida es como un tablero de ajedrez, donde las piezas se mueven sin cesar.

Hasta la vida más dichosa acaba antes de la muerte.

La vida del hombre es como un sueño de primavera; cuando el alma huye, es el fin de las cosas.

Antes de que el hombre adquiera conciencia, ya tiene la cabeza blanca.

Hay un día para nacer y un tiempo para morir.

Vivir bien es la plegaria de la sabiduría.

El que vive bien no cree ni en el cielo, ni en los hombres, ni en su propia conciencia.

Vive bien y no pidas nada.

La vida es el camino de la muerte, y la muerte el camino de la vida.

A quien piense que todo es eterno, que la vida y la muerte se suceden, que estar vivo o estar muerto son dos pasos del mismo ser, hazlo tú, amigo.

Cuando no se sabe nada de la vida, ¿cómo se va a saber algo de la muerte?

La más corta vida contiene siglos de dolor.

Dinamarca

El tiempo es un triste compañero de camino.

Todo el mundo quiere llegar a la vejez, pero a nadie le gusta que le llamen viejo.

La muerte es la amiga del moribundo.

Pocos tienen suerte, pero todos tienen la muerte.

Más de un hombre amanece con el día que no verá morir.

Escocia

Hasta el hombre más viejo que se pueda conocer, acabará por morir.

España

Madre holgazana cría hija cortesana.

No hay más bronce que años once, ni más lana que no saber que hay mañana.

Al buey viejo, múdale el pesebre y dejará el pellejo.

Cuando el diablo se hace viejo, se mete fraile.

A la vejez, viruelas.

No me lleves, tiempo, que yo te iré alcanzando.

Buena vida, arrugas tira.

El muerto al hoyo, y el vivo al bollo.

A quien se muere, lo entierran.

Vivir para ver.

Catarro, casamiento, cagalera y caída son cuatro «ces» que quitan al viejo la vida.

Come para vivir y no vivas para comer.

Cuando nació el ahorcado, hijo parió su madre.

De aquí a cien años, todos seremos calvos.

De la muerte no se escapa, ni el rico, ni el rey, ni el papa.

Embarazo penoso, parto trabajoso.

Entre la cuna y la sepultura, no hay cosa segura.

Éramos pocos y parió mi abuela.

Hijo de anciano, huérfano temprano.

La muerte no perdona al rey ni al papa, ni a quien no tiene capa.

La vejez, grave enfermedad es.

Mientras vas y vienes, vida tienes.

Ni buscar la muerte es valentía, ni huirla cobardía.

No hay mal ni bien que cien años duren.

Quien después nació, no puede tener razón.

Revive el candil cuando se quiere morir.

Si la mocedad supiera y la vejez pudiera, ¿qué no consiguieran?

Si quieres llegar a viejo, guarda aceite en el pellejo.

Si quieres vivir sano, acuéstate y levántate temprano.

Sube la escalera como viejo y llegarás arriba como joven.

Vejez y belleza, no andan juntas en una pieza.

Vida reposada, muerte lejana.

Viejo que boda hace, requiescat in pace.

Vino añejo, leche es para el viejo.

Al año de fallecido, más come el muerto que el vivo.

Al morir, no hay huir.

Alquimia probada, vivir con lujo y no tener nada.

Beber con medida, alarga la vida.

Contra la muerte, nadie es fuerte.

Después de muerto Pascual, le llevan el orinal.

El tiempo trae las cosas nuevas, las hace viejas, y se las lleva.

Engordar para morir no es gordura de reír.

Hombre anciano, cuando muere no es llorado.

La muerte suele no avisar: cuando menos lo piensas, ahí está.

La vejez es fría y la muerte más todavía.

Mientras no hay colmillos, no hay niño.

Muerto está el ausente y vivo el presente.

Para vivir: comer, beber y dormir.

Si vives y no te mueres, ¿qué más quieres?

Una vez muerto, ¿para qué quieres huerto?

Estados Unidos

La mano que hace balancearse a la cuna, gobierna el mundo.

El hombre no muere más que una vez.

Seis pies de tierra hacen iguales a todos los hombres.

La muerte desafía al médico, obligándole a hacer su trabajo.

Cuando morimos, lo estamos por largo tiempo.

Los muertos no saben contar historias.

Hay remedio para todo, menos para la muerte.

Hasta los que más viven, acaban por morir.

Un pedazo de tierra del cementerio conviene a todo el mundo.

Del cementerio nadie vuelve.

La vida no es algo inmóvil: si no avanzas en ella, retrocedes.

La ley de oro de la vida: comenzar.

Vivimos sobre nuestras raíces, no sobre nuestras ramas.

La vejez es una corona de espinas, y la juventud una corona de rosas.

Finlandia

A medida que envejecemos, rejuvenecen nuestros males.

Francia

Los niños se convierten en mayores, y los mayores en nada.

Quien no quiere morir, no debe nacer.

Ante la muerte, no llames a nadie feliz.

Vive donde puedas, y muere donde debas.

Los viejos van hacia la muerte, y la muerte viene hacia los jóvenes.

A más muertos, menos enemigos.

No se sabe quién muere, ni quién vive.

Si no se llega a viejo, se muere joven.

De larga cuerda tira quien la muerte de otro desea.

La muerte no es nunca prematura, excepto para los que mueren sin virtud.

Quien muere, lo hace por largo tiempo.

No es necesario matar a un hombre la víspera de su muerte.

A bien morir, cada uno debe tender.

Bueno es el duelo que después sirve de ayuda.

Seis pies de tierra son suficientes incluso para el más grande hombre.

El hombre vive para morir.

Más vale morir con honor que vivir con vergüenza.

El joven que envejece y el viejo que duerme, ambos se acercan a la muerte.

Para los muertos, las horas no cuentan.

Quien más vive, más sufre.

La vida del hombre es un camino de invierno.

Nada de la vida se sabe, salvo que se vive.

Quien su vida desprecia, se hace dueño de la de otro.

Viviendo se adquiere la edad.

Vivir no es nada, sino bien vivir.

Para vivir largo tiempo, se hace necesario llegar a viejo.

Es necesario querer vivir y saber morir.

El hombre que vive está medio muerto.

El pan llega a veces cuando ya no se tienen dientes.

Nadie quiere envejecer, ni de joven morir, pero la naturaleza no puede admitir el vivir sin envejecer.

El viejo que hace el amor es un moribundo en pijama.

Holanda

Los jóvenes pueden morir, pero los viejos se ven obligados a ello.

India

No hay nada más bello que una madre.

Al encantador de serpientes le llega la muerte por la serpiente, y al ladrón por sus hurtos.

Unos mueren y otros nacen, pero el juego no se acaba jamás.

¿Quién sabe cuando un cliente, o la muerte, pueden venir?

¿Por qué denominar a la muerte como una desgracia cuando pone fin a la desdicha?

Para el que muere, ese momento es el fin del mundo.

La vida es preciosa, pero para salvarla no prives a nadie de la suya.

Los muertos se reunirán en la ciudad donde la gallina no canta.

La novia de la vida es la muerte.

Inglaterra

La muerte no consulta ningún calendario.

Quien espere los zapatos de un muerto, irá largo tiempo descalzo.

Cuantos más años cuentes, más te aproximas a la tumba.

Quien no ha gustado la muerte, ignora el sabor de la comida.

Juventud perezosa, vejez piojosa.

Irán

¿Quién dice que los muertos no peden?

La muerte es una buena cosa... para el vecino.

Israel

Es necesario prepararse la víspera de morir, es necesario hacerlo hoy, puesto que podemos morir mañana.

Hasta que cae la última palada de tierra sobre su tumba, debe el hombre implorar el perdón y la piedad.

Más vale una buena muerte que una mala vida.

El hombre viene al mundo con las manos vacías, y con ellas vacías se va de él.

El ángel de la muerte extermina, y se marcha santificado.

Puesto que se debe morir, ¿por qué sufrir?

La muerte del vecino no es siempre una venganza, pero a veces constituye un respiro.

Italia

Mi casa es el seno de mi madre.

Cuando mueras, morirá todo el mundo para ti, ¡hasta el cerdo!

Japón

La vida es como una llama frente al viento.

La muerte es a la vez más grande que una montaña y más pequeña que un cabello.

La muerte no tiene boca.

Madagascar

Los muertos reposan como el polvo, pero los vivos comen como los hombres.

Ni el morir es un crimen, ni el vivir un mérito.

La tumba siempre espera.

Siempre es mejor morir mañana que hoy.

Si debo morir, que muera mi amigo; y si debe mi amigo morir, que muera el buey en su lugar.

La muerte es como un impuesto.

Los que quieren morir no piden ningún permiso.

Por mucho pensar en la muerte, nunca se evita la sorpresa.

No hay desgracia más grande que la muerte.

Morir una vez, pase, pero morir dos, ¡es demasiado!

La vida es como la única herramienta del trabajador, que no puede sustituirse cuando se rompe.

Las lágrimas no contribuyen en nada a retener la vida.

La muerte no es tanto una derrota como la vida es una victoria.

No se hace ningún caso de la vida, cuando se corre tras
la riqueza.

Las canciones de los viejos al final se convierten en
lágrimas.

Malasia

El elefante muerto deja sus colmillos, el tigre su piel, y el hombre
su nombre.

La vida es como un huevo en la punta de un cuerno.

Manchuria

Si eres joven, no te rías de los viejos, y piensa en los días que la
flor se mantiene roja.

Ante la muerte, el canto del pájaro se hace lastimero, y la palabra
del hombre justa.

Marruecos

Cuando el hombre muere, sus pies se estiran.

Permíteme vivir hoy, y podrás matarme mañana.

Los funerales son grandiosos y la muerte una sonrisa.

Noruega

Todos le debemos un muerto a Dios.

Polonia

El testamento de un muerto es siempre la imagen de su vida.

Más vale estar bajo la barba de la vejez, que bajo el látigo de la juventud.

Los años enseñan más que los libros.

Rumanía

Todo hombre tiene su vida y su muerte.

El nacimiento es para los otros, y la muerte para nosotros.

La muerte no viene cuando se la llama, sino cuando ella quiere.

Los vivos nunca hacen lo que los muertos dicen.

Las lágrimas nunca se secan, si los muertos no se olvidan.

Quien teme a la muerte, pierde la vida.

Más vale morir viviendo, que vivir muriendo.

El paso corto alarga la vida.

La vida del hombre es como un huevo en las manos de un niño.

El joven con el joven, como la paja con el fuego.

Rusia

El amor de una madre viene de las profundidades del océano.

Una madre comprende hasta lo que un hijo mudo le dice.

La muerte es nuestra vergüenza.

Cuando los cabellos mueren, las penas hacen crecer en la cabeza bucles.

Teme a la vida, pero no a la muerte.

Se vive un siglo, se aprende durante un siglo, y se muere como un imbécil.

La muerte no está detrás de las montañas, sino detrás de nuestras espaldas.

No se muere dos veces, si no se escapa de la muerte una vez.

Di la verdad y el muerto resucitará.

Es el vivo quien sabe en qué posición colocar la cabeza del muerto.

El muerto dice: «Todos los que yo he matado, acusan a los otros».

Un muerto se sube sobre las espaldas de otro, y le dice: «Llévame hasta la puerta de tu tumba».

Cuando el oso envejece, en juguete de los oseznos se convierte.

La vejez es más sabia que la juventud, pero la mañana sabe más que la tarde.

Suecia

Los jóvenes van por grupos, los adultos por parejas y los viejos solos.

Jamás se estudiará bastante el arte de morir.

Turquía

Quien besa los pies de su madre, besa el suelo del paraíso.

La oveja muerta no tiene miedo del lobo.

No llores a los muertos, llora más bien a los locos.

Los bienes del muerto mueren con él.

El hombre verdaderamente feliz es aquel que muere en su cuna.

¿Necesitas un consejo? La muerte del vecino te lo proporcionará.

Hay dos cosas que no se pueden mirar fijamente: el sol y la muerte.

El agua corre, la arena queda; el dinero se va, la bolsa queda; el hombre muere, el nombre queda.

La muerte es un camello negro que se arrodilla delante de todas las puertas.

La muerte es el consuelo del pobre.

La muerte de otro no nos salva.

Cuando mi cabeza esté bajo la tierra, ¿qué me importa que no quede piedra sobre piedra?

El viejo que se acicala es como un anillo de cobre bañado de oro.

Yugoslavia

Más vale morir dos veces en la calle que una en casa.

Sabiduría
popular

Abisinia

La suegra que se mete en todo, recibe la tercera parte de los palos destinados a la mujer.

La simpleza de la ciencia es tan grande como una montaña.

El huevo que permanece en casa de su dueño, no se rompe.

La sabiduría encerrada en el corazón es como la luz en un cántaro.

Lo maravilloso y lo asombroso no sorprende más allá de una semana.

El mismo que talla la madera de la lanza cuando se declara la guerra es el que talla el timón en tiempo de trabajo.

La lana abriga y la muselina embellece, pero sólo el que las lleva sabe la que más le conviene.

Si el hermano de un buey que se espanta, al yugo trabaja, no se le mata.

¿El cuello para qué sirve? Para mirar hacia atrás...

Aunque tengas razón, no discutas con el juez, si él te juzga tuerto.

Se pregunta: «¿El león qué come?» Se responde: «Lo que él quiere». Se pregunta: «¿Pero y quién lo pagará?» Se responde: «¿Y quién lo reclamará?»

No se justifica uno a sí mismo acusando solamente.

No agarres la cola del leopardo, pero si la tienes, no la sueltes.

El escudo y la frente no se ocultan.

Afganistán

Come mucho y vibrarás como un pez; come poco y saltarás como una gacela.

Para evitar la lluvia, colócate debajo de la gotera.

El zorro siempre cree que su sombra es inmensa.

Aunque no se trate más que de una cebolla, ofrécela con gracia.

El que vive con herrero, acaba con el vestido quemado.

Aunque los ojos sean grandes, sólo ven a través de las pequeñas pupilas.

La coz es la mejor amiga del asno.

El puerco dice: «Hijo mío, pequeño, eres más tierno que la manteca». A lo que el ciervo replica: «Hijo mío, pequeño, eres más blanco que la muselina».

El calzado se prueba en los pies y el hombre en las pruebas.

Para cada hombre, su propio pensamiento es el rey.

El que se siente a gusto en el barro, acaba por hundirse en él.

El paraíso es un reducto agradable, ciertamente, que sólo se consigue lacerando el corazón previamente.

Aunque la nube sea negra, el agua que cae de ella es blanca.

¿Qué es lo que más desea el ciego? Tener dos ojos para ver.

Cuando el vino es gratuito, hasta el juez lo bebe.

Donde va el corazón, los pies le siguen.

Por muy alta que sea una colina, siempre se halla en su cima un sendero.

África

Felicidad y desdicha, ambas cosas son posibles en toda persona.

Es inútil correr detrás de la felicidad, porque la felicidad siempre se encuentra detrás de nosotros.

La desdicha nos hace reconocer a quien nos ama.

No son sólo los que tienen suerte los que viajan con los blancos.

La suerte no viene jamás dos veces.

Desea buena suerte a los demás, aunque sólo sea en favor de la tuya.

La suerte no es como un vestido, que se quita y se pone.

Quien es desafortunado, si se mete en un cubo de grasa, sale seco.

Ni la ciencia ni el tronco de un baobab pueden ser abarcados por una sola persona.

Aquel que te dé consejos es uno de los tuyos.

La fuerza del hombre viene de su vientre.

El pájaro se deja coger por las patas y el hombre por la boca.

Cuando comas con un tímido, deja un pedazo de comida para él.

No es muy noble quien rehusa comer en compañía.

Discusión entre el ratón y la serpiente. El ratón dice: «He horadado un agujero sin azada». Y la serpiente responde: «Y yo he subido a un árbol sin tener brazos».

El saltamontes atrapado por el gavilán dice: «No creía que lo que vuela pudiera comerse a lo que vuela».

Una anciana, sobre la tumba, siempre parece murmurar: «Si me llamas, ya voy».

Quien mete los pies en el agua, se burla de quien tiene sed.

Cuando sacudas un árbol, mira a la vez dónde caen sus frutos.

Quien desea comer bien, hace de su cocinera su mujer.

De un saltamontes no se saca sangre.

El agua encuentra siempre su nivel.

Ningún hombre se hunde un cuchillo en el vientre para alabarse.

Todos los países tienen fronteras.

La sangre humana es incómoda; impide siempre huir de ella a quien la ha hecho correr.

Quien no se conoce, se denomina «asesino de sí mismo».

Nadie dice la causa por la que ha caído a un pozo antes de ser sacado de él.

Quien come una gruesa nuez, es que tiene confianza en la anchura de su garganta.

Un solo deseo es capaz de hacer frente a todo un ejército.

La madera seca es sostenida por la verde.

La azada con mango nuevo siempre hace ampollas.

Quien tiene las mismas raíces, sufrirá de los mismos males.

Nadie ve al viento, sino su efecto.

La casa del vasallo no brilla.

Ayuda al rey mientras esté ante tu vista.

Quien no tiene promesas, no tiene nada.

La cesta bonita no evita su cuidado.

El viajero no sabe dónde morirá.

Quien teme al leopardo, no siente el miedo cuando entra a su cabaña.

La hierba que se quema no impide que nazca otra.

Lo bien hecho no quiere decir que lo sea para ti.

El brazo tendido anuncia el asesinato.

Si andas en la oscuridad, acabarás por herirte con las ortigas.

El valiente hace su guardia hasta durmiendo.

Los cuernos del antílope son poderosos cuando se le ataca, y valiosos cuando se le mata.

Llorar mucho no garantiza el bienestar.

Una sola cabeza nunca se pone de acuerdo.

No agradezcas nunca otra comida que la que ya tengas en el vientre.

Mañana y hoy tienen el mismo sol y la misma luna.

Cuanto más lejos del rostro de los hombres, más lejos de Dios.

Vive para hoy, no para mañana.

El ciego, que no puede ver, pretende que los ojos afean el rostro.

Quien comanda no comete la falta, pero revela su secreto.

Una tarde de felicidad vale más que un año de miseria.

Es con el agua de los cuerpos con la que se saca el agua de los pozos.

La sabiduría no es huésped de una sola casa.

La astucia se come al amo.

Se llora en la casa del hombre valiente, pero no en la del cobarde.

El ciego dice: «No veo porque estoy durmiendo».

Si el espíritu del hombre danza mal, Dios impedirá al tambor resonar.

Más vale ser estimado que estimar.

Levantas la cabeza para coger la fruta madura, pero es la verde la que cae.

Si bajas la cabeza modestamente, cogerás las bananas fácilmente.

El agua caliente no olvida que ha estado fría.

Si tienes un amigo que a su vez es amigo de tu enemigo, fíate de Dios pero no te fíes de él.

El hombre de edad no compra la sabiduría, porque ya hace tiempo que la ha vendido.

No hay nada mejor que el humo para enviar al cielo.

Los tatuajes en la espalda son vistos por quien los ha hecho, pero no por quien los lleva.

Quien tiene amo, no es dueño de lo que carga a sus espaldas.

Quien dice que hallarse perdido es peor que estar muerto, es que acaba de ser encontrado.

Toda noticia es interesante, pero oída en la boca de quien la trae.

El indiscreto no guarda otro secreto que aquel que ignora.

El río no baja crecido si pueden verse los peces en el agua.

La fuerza que no conoce límite es la madre de la pereza.

Ni se prefiere otro hombre al amigo, ni el amigo a sí mismo.

Aunque un madero permanezca diez años en el agua, no se convertirá en caimán.

No se siente la utilidad de las nalgas hasta que no se tiene en ellas un furúnculo.

Quien no tenga ningún defecto, que no se muera jamás.

Vale más reinar con diplomacia que con las armas.

Las espuelas se entienden con el caballo, no con el hombre.

Las consideraciones hacen de un noble un cautivo.

El toro de una aldea es un pez para las gentes de la otra vecina.

Quien no pone el ojo en la flecha, no puede tirar y matar la pieza.

Es el hijo de tu madre quien te dirá que huele tu boca.

Si te dicen «mátame», es que el arma está en las manos de un amigo.

La vista puede dirigirse hacia donde ella no quiere, pero no los pies.

El que te toca y se lame los dedos, cuando mueras, te comerá.

Quien muerde, recuerda a su víctima, que también tiene dientes.

La sal que cae en el agua no vuelve ya más a ser sal.

Cualquiera que sea la altura del cuello, la cabeza siempre está encima de él.

Se espera encontrar fuego en casa del herrador, pero se encuentra en la del tejedor.

No hay nada más absurdo que intentar vender una sortija a un leproso.

No intentes cambiar las manchas del leopardo, porque es imposible.

La inteligencia de uno sólo es como un saco agujereado.

Si pides a un rey que no te estime, te llamará idiota.

La ignorancia hace al hombre pedir socorro cuando se está muriendo.

Cuando la cabaña arde, es imposible ocultar el humo.

Fiarse de sí mismo es como mentir.

Cuida de que los dientes que se ríen de ti no sean los de tu propia boca.

El sollozo de otro no impide dormir.

No prestes tu puerta al vecino cuando la hiena está cerca.

Por lleno que baje el río, siempre desea crecer más todavía.

Quien dice que es rico antes de que la riqueza le haya venido, a su espalda tiene la pobreza.

El impaciente por ser padre, es seguro que se casará con una mujer encinta.

Quien no es idiota, no se olvida de más de una cosa al día.

Quien se ríe del insensato, no lo conoce bien.

Quien nace y vive para su herencia, morirá en la miseria.

No todas las orejas son buenas para llevar anillo de oro.

Si deseas bailar, piensa que una mano sólo no tocará para ti.

El oro y el latón: su apariencia es la misma, pero no su nobleza.

Un poco de vergüenza nunca es suficiente para el inepto.

El fusil puede estar callado, pero no es mudo.

Una cabeza calva vale más que otra cubierta por las termitas.

Quien desprecia la cabeza ajena, que palpe la suya propia.

Las dichas enviadas por Dios no despiertan al que duerme.

Más vale ser odiado que despreciado.

Por mucho miedo que tenga un hombre, su trasero siempre quedará tras él.

Por fuerza se soporta pacientemente lo que no se puede evitar.

Permanece cerca del rey, aunque tengas que limpiar las boñigas de sus bueyes.

A quien es más alto que tú, llámale «¡Gigante!»

Quien se encoleriza con los mosquitos, morirá de los manotazos que se dará.

El trasero no le dice a su dueño «levántate», sino que es él quien se levanta y le sigue.

Las chinches han cazado a las pulgas, y las pulgas han cazado a las gentes.

Si los corderos no han sido admirados, es que los bueyes no han sido vistos.

El fuego dice: «Mi poder se extiende sobre cualquier cosa». El agua dice: «¿También sobre mí?» Y el fuego responde: «Yo no me refería a ti».

Si alguien toma una costumbre, que tome la de la paz.

No se presta la realeza, ni a la mujer, ni al fusil.

Un rey no tiene amigos.

Si el pastor tiene el cuchillo fácil, su rebaño no crece.

Es con la aurora cuando se conoce la buena mañana.

La olla donde se cuece una buena comida se siente feliz hirviendo.

La cuerda no es nunca más corta que la profundidad del pozo.

Quien no quiere comprender lo que su madre le dice, comprenderá lo que su desgracia le diga.

Se perfila la arcilla mientras está húmeda.

El agua extendida vale más que el vaso roto.

Por desnuda que esté la madre, el hijo siempre le pedirá que lo cubra.

Ser una bendición para sí mismo no es nada fácil.

La gente junta, no tarda en llegar la disputa.

Ser vecinos de corazón es mucho mejor que ser vecinos de mansión.

Si un hombre te da su vestido, mira el que lleva puesto.

La sabiduría no está en los ojos, sino en la cabeza.

Si ves a una cabra en la guarida de un león, ten cuidado con ella.

Si yo no vivo, ¿qué me importa que Dios maldiga al año que viene?

Las estrellas brillan más cuanto más oculta está la luna.

Antes de juzgar a un individuo, conoce su casa.

Aunque la aldea de las hienas esté en ruinas, no es conveniente enviar a un perro para tratar con ellas.

Lo que puede ser cocido en una olla, no puede serlo en una botella.

Es con el agua con lo que se prueba que una jarra es más grande que otra.

Los dientes pueden reír, pero el corazón, hacer otra cosa.

Se conoce el cuerpo, pero no el corazón.

Un buen fuego no siempre sienta bien.

El tuerto da gracias a Alá cuando se encuentra con un ciego.

¿Qué comería el cuervo, si los caballos y los asnos no murieran?

Los defectos son como una colina: escalamos los nuestros, pero no vemos los de los demás.

La vista no es una medida, pero ve lo que es pequeño.

Sólo el hombre libre obra con paciencia.

Las murmuraciones agujerean las paredes.

La noche es un ojo.

El antílope no alaba más que sus cuernos.

Cada día tiene su mañana.

No desprecies jamás a un extranjero, porque cualquier día puedes necesitar su casa.

Las azadas trabajan para ti; cuando mueras, cavarán tu tumba.

Si estás reñido con el gallo, ¿quién te anunciará cuándo llega la mañana?

La baqueta y el fusil se respetan mutuamente. La mosca tímida es enterrada con el muerto.

¡Hum! ¡Hum! ¡Hum!... no es la expresión de ningún pensamiento.

Habla a tu corazón y no confíes en nadie, pues la falsedad del mundo está en el aire.

Un moscardón no puede, ni aun posándose, doblar una caña de bambú.

Cuando el esclavo se emancipa, se nombra a sí mismo gentilhombre.

El parásito no ama a sus semejantes.

La garrapata desprecia al perro, a pesar de que vive a su costa.

Quien reflexiona sobre el porvenir, el futuro no le sorprenderá.

Pasar la noche con la cólera de la ofensa vale más que pasarla con el arrepentimiento de la venganza.

Quien pasa la noche en la marisma, sueña con las ranas.

Mira los ojos de las gentes, como examinas la malla de un cedazo.

Una sola mano no hace un paquete.

Ningún animal con cuernos puede entrar en una madriguera.

No permitas cargar tu camello con los bagajes de quien no te acompaña.

La mano del comerciante no hace agujeros en el fondo de sus bolsillos.

Desde que nace, la espina es ya puntiaguda.

La lección de las balas se aprende rápidamente.

Camina por delante de ti mismo como el camello que guía la caravana.

Quien no te conoce, es fácil que te desprecie.

El peso llevado con ayuda se convierte en una pluma.

Sigue el camino más derecho, si pasa por la misma cima de la montaña.

Quien se levanta con el primer canto de la perdiz, es quien se la come.

Albania

Si cien hombres afirman que un loco es sabio, lo es.

Alemania

La madre del marido es la mujer del diablo.

La felicidad a medias es la mejor.

Un puñado de suerte vale más que un saco lleno de sabiduría.

La suerte y la mala suerte son vecinas.

Demasiada ciencia trastorna la cabeza.

Todo el mundo conoce buenos consejos, pero no son los que necesita.

Después de comer bien, todo parece distinto.

Donde se come, se canta.

¿Qué haría una hormiga si tuviera la cabeza de un toro?

El calzado de Lutero no sirve a cualquier pastor de aldea.

Que cada uno lleve su propio saco al molino.

No cuelgues todo de un mismo clavo.

Quien no quiere ir al cielo, no necesita ningún sermón.

Las uvas más dulces son las que se encuentran fuera del alcance de la mano.

Las murallas son de papel para los idiotas.

Quien come la nuez, que coma también la cáscara.

Todo lo que sabes, no lo digas; todo lo que lees, no lo adoptes; todo lo que oigas, no lo creas; todo lo que pienses, no lo hagas.

Quien elige un tono demasiado alto, no acabará la canción.

En ciertas ocasiones, es mucho mejor cerrar ligeramente los ojos.

Al árbol que te da sombra, salúdalo en voz baja.

Amenaza no es muerte.

Cuando se usa el hábito es cuando se sabe lo que vale.

Cuando el señor toma una manzana, sus criados toman todo el manzano.

El huésped, a los tres días molesta.

Cada loco considera que su cabeza está bien peinada.

Jornada ganada, jornada comida.

La abundancia destruye más que el hambre.

No hay comida más cara que la gratuita.

En todo juego hay que contar con algún desprecio.

No se nace avariento, pero se es sin esfuerzo.

Quien se complace en arriesgar su cabeza, acaba por perderla.

El rostro se ve en el espejo, y el corazón, en el vino.

Todo sabio tiene un loco por hermano.

Si no hubiera locos, no habría sabios.

Nada se parece tanto a un hombre de buen sentido como el loco que contiene su lengua.

Los pensamientos no pagan impuestos.

Quien cultiva cebollas, no siente su olor.

La seda no es recomendable como tela de embalaje.

Quien abre la mano, se la hace abrir al vecino.

Quien lleva fuego en su corazón, su cerebro acaba por ahumarse.

El bien de iglesia tiene dientes de hierro.

La lámpara muy alta es soplada por el viento, y muy baja, derribada por los niños.

La voluntad es el alma del trabajo.

Si haces tu trabajo, habrás hecho algo.

Lo que se hace voluntariamente, no se hace sin esfuerzo.

No se edifica nada con pétalos de rosa.

Si construyes una casa, llega hasta el final.

Arabia

Si la alegría no puede compararse con la tristeza, ¿para qué sirve?

No hay desgracia peor que la que se tiene.

La desgracia puede llegar por el camello, por el camellero o por el dueño del camello.

Aprende con la desgracia de los demás, como los demás aprenderán en la tuya.

Quien busca instrucción es más querido de Alá que quien combate en una guerra santa.

Quien instruye a los ignorantes es como un vivo entre los muertos.

La ciencia no consiste en lo que se conserva en los libros, sino en lo que se graba sobre los corazones.

Querer aprender es adorar a Alá; y querer enseñar, un acto de caridad.

La ciencia es como el yugo en el cuello de un buey, pues ayuda a dominar las pasiones.

La tinta de los sabios es tan preciosa como la sangre de los mártires.

El conocimiento está más cerca del silencio que de la palabra.

El hombre no se hace sabio chupando tinta.

Nadie sale sabio del vientre de su madre.

Te ha dado la vida quien te ha instruido.

Feliz el que es instruido por los demás.

El conocimiento de un idioma completa al hombre.

Los santuarios resultan demasiado estrechos para los buscadores de Dios.

Aprende incluso de la cabeza de las tortugas.

Cuando seas sabio, colócate siempre por encima del ignorante.

Los sabios son los herederos de los profetas.

En la gloria de un hombre siempre han participado otros.

Quien come en la mesa del rey, se mide con su sable.

El enemigo más grande del hombre es su vientre.

No hay más noble virtud que la sobriedad del vientre.

Quien no piensa más que en lo que entra en su vientre no vale más que lo que sale de él.

Es el vientre el que ata las manos y encadena los pies.

La mujer de edad invitada a una boda, come y se burla.

Un estanque sin agua, ¿qué necesidad tiene de peces?

La olla dice a la otra olla: «Tienes el culo negro».

No tenía nada qué comer, y comía cebolla, para abrirse el apetito.

¡Le ha cortado tan bien la cabeza, que el otro ni se ha dado cuenta!

El enemigo no se convertirá en amigo más que cuando el asno se convierta en médico.

Si la desgracia entrara en el mar, lo secaría.

Un perro ordena a otro perro, y éste pasa la orden a su cola.

Eres como un camello, que no hay nada derecho en él.

Se sale hoy del huevo, y mañana se siente vergüenza de la cáscara.

El calvo con barba larga no puede quitar de donde hay para poner donde no tiene.

Si pides a un camello volar, te responderá: «Soy un camello». Y si le pides que se deje cargar, dirá: «Soy un pájaro».

El grano sembrado en tierra salada no producirá nunca una espiga.

El zarzal en pleno campo se cree una viña.

Cuando la cebolla crece, se olvida de su forma primera.

Introduce a un asno en una sala de oro y parecerá menos asno.

Si la ligereza del espíritu estuviera en las piernas, se podría ser más rápido que la gacela.

Aunque metas la luz del sol en una tumba, saldrá de ella.

Alguien que pretendió contar las olas del mar llegó a la conclusión de que «son más numerosas las que llegan que las que se retiran».

El avaro no caga por miedo a tener hambre.

Pequeño y vil, como el cerebro de un piojo.

Al avaro el agua no le corre por entre los dedos.

La gallina come en el estiércol y le canta a la luna.

Tiende la mano, pero cuenta tus dedos al retirarla.

Trabaja como si tuvieras que vivir siempre y come como si tuvieras que morirte mañana.

El destino y el trabajo van siempre juntos.

Quien sigue el mochuelo, es conducido a las ruinas.

Cuando el destino quiera que seas yunque, emplea la paciencia, y cuando quiera que seas martillo, entonces golpea.

Tu patria se halla allí donde te sientas bien.

La aguja sirve al sastre.

Enriquecido de un grano de uva seco, el loco se cree comerciante de vino.

Quien ha comido una vez de tu comida, sentirá hambre al verte.

Siéntate inclinado y habla derecho.

No compres la luna ni las noticias, que bien pronto se harán viejas.

Cuando el arpa de la sabiduría interpreta un pensamiento agradable, diríase que se abre una puerta sobre los jardines del paraíso.

El camello no ve su propia joroba, pero sí la del vecino.

El árbol de la vida es la sabiduría.

Nadie dice: «Mi aceite está rancio», o: «Mi leche se ha agriado».

Cuando la prostituta envejece, en alcahueta se convierte.

Quien tiene la costumbre de andar descalzo, olvida fácilmente sus zapatos.

Ni siquiera los cinco dedos de nuestras manos son iguales.

Tu secreto debe pasar a formar parte de tu sangre.

El viaje es una especie de castigo.

Por el estiércol reconocerás al camello.

Dos espadas no caben en una misma vaina.

Los pájaros no son atrapados más que con pájaros.

Cuando tengas que elegir entre un átomo presente y una perla prometida, elige lo más inmediato.

La soledad es un acto de piedad.

Se pregunta: «¿Cuándo se acabará el mundo?» Y se contesta: «El día que yo muera».

El alma no deja de hacer proyectos hasta que no toca la tumba.

Sólo el que tiene el pie sobre la brasa sabe lo que es la quemadura.

El corazón del idiota está en su lengua, y la boca del sabio, en su corazón.

Como el viento nos hace marchar, así caminamos.

El corazón ve antes que el ojo.

El impotente se siente orgulloso del falo de su padre.

Vende la mansión de la humildad a no importa qué precio y compra la del honor aunque sea por mil piastras.

El paraíso de la tierra se encuentra sobre el lomo de los camellos, en la lectura de los libros y entre los senos de las mujeres.

La jarra llena no resuena.

La afrenta es un vestido muy corto: desnuda lo que le reviste.

Sobre la tierra hay dos criaturas insaciables: el hombre de ciencia y el hombre de dinero.

Quien te trate como a sí mismo no es injusto.

El dueño de un pueblo es aquel que se pone a su servicio.

Aprende a decir «no sé», si no quieres ser convencido por la mentira.

Un extranjero es ciego aunque vea.

El pozo de agua dulce está siempre vacío.

Cada uno conoce la amargura de su propia boca.

Quien se arma de resignación ante la desgracia, se ata las manos con una cuerda que nunca podrá romper.

Si la luna está contigo, no te inquietes por las estrellas.

Cuando los bateleros son varios, la barca acaba por naufragar.

El que se apresura y el que camina lentamente se encuentran sobre la misma pasarela.

Prestar es como sembrar el odio.

Contribuye a purificar tu conciencia y podrás dormir incluso en el desierto.

La diferencia entre el camino del cielo y el del infierno no tiene ni el espesor de un cabello.

Un poco sobre otro poco hacen un mar.

No hay verdadero descanso si no es el del corazón.

Es por el cuello por donde se rompe la jarra.

El martillo enojado descarga su cólera sobre el hierro.

El idiota no gusta los dulzores de la sabiduría, como tampoco quien está acatarrado puede oler el perfume de la rosa.

El corazón más tierno tiene sus asperezas.

Un dedo de más entorpece la mano.

Las muelas del molino no pueden moverse más que sobre su eje.

Un don diferido es como una cuerda llena de nudos.

No juzgues el grano de pimienta por su tamaño: gústalo y verás lo que pica.

Cuando te acuestas por la noche, no esperes ver la mañana, y cuando te levantas por la mañana, no esperes llegar a la noche.

El paraíso está más cerca de algunos de nosotros que los lazos de nuestros zapatos.

En verdad que la mejor previsión es la de la piedad.

Quien hace el mal no lo hace más que contra sí mismo.

Si robas, roba por lo menos un camello; si amas, ama a una mujer que se parezca a la luna.

¿Quién desea arrepentirse después de cometida la falta?

Cuando envíes a algún sitio un mensajero, espera.

Quien trata con miel, no puede por menos que chuparse los dedos.

Quien se aproxime a mi puerta, oirá el ruido.

Quien se aproxima a la olla, acaba por mancharse.

Hasta el pelo de la barba de un cerdo es útil.

La guarida del león nunca está sin huesos.

Los sabios sin obras son como las nubes sin lluvia.

El arte, para quien conoce sus secretos, se oculta bajo una brizna de hierba; pero para quien lo ignora, se oculta bajo una montaña.

No se lava la sangre con la sangre, sino con el agua.

Quien pretende cortar la madera en la oscuridad, acaba por dar con el hacha en una piedra.

Hay palabras que se parecen a las confituras saladas.

La mano que está en el fuego nunca es la pareja de la que está en el agua.

Si tus bateleros comienzan a murmurar, tu barco acabará por naufragar.

Hasta las entrañas en el abdomen se querellan.

Nadie lleva el peso de las faltas de otro.

El reposo está en la oscuridad.

El abrigo prestado no da calor.

La ignorancia que me conduce es preferible a la sabiduría que yo debo conducir.

Un simple grano hace inclinarse a la balanza.

Es santo quien se alegra de la felicidad de otro.

Tu país es aquel donde te encuentres mejor.

El mercado del libertinaje está siempre abierto.

Coloca las cosas en su sitio, y ellas te colocarán en el tuyo.

Quien escupe no lame su saliva.

Cuando el ojo no ve, el corazón no se apena.

En cada corazón hay un poco de sabiduría.

La espada inspira el crimen hasta envainada.

Un puñado de bondad vale más que un montón de riqueza.

Cada cual vende sus ropas en su propio mercado.

Hay demasiados caminos que llevan allí donde no está el corazón.

Cuando el grito del ave de raza se deja oír, todas las gallinas se callan.

Una piedra lanzada por la mano de un amigo es como una flor.

El sonido no se convierte jamás en harina, ni el enemigo en amigo.

No alaba el mercado más que quien saca provecho de él.

Abandona la ciudad donde se haga burla de ti, aunque esté empedrada con rubíes.

Quien reside en el centro de sí mismo se quema de amor.

Nuestra verdadera tumba no está en la tierra, sino en el corazón de los hombres.

La felicidad es como un cristal que se rompe en el instante que emite su más bello sonido.

La canción del amante habla de su amada, y la del oso, de las peras salvajes.

Lo que lances al cielo, te caerá sobre el rostro.

Un negro dice a otro: «Tu rostro es negro».

Quien permanece bajo los árboles de la orilla es el mejor nadador.

Si visitas ciegos, cierra los ojos.

Donde la madre está desnuda, no se viste a la tía.

El ojo del sol no puede ser tapado con la mano.

Quien usa incienso, debe esperar a que se consuman sus manchas.

Más vale la cizaña de tu país, que el trigo del extranjero.

No basta con ennegrecerse los ojos para ser herrero.

Mantente a distancia, y la gente te respetará; hazte el humilde, y los pollos te cubrirán de polvo.

Todo lo que es tejido no se parece.

Nuestra vida es como un puñado de nieve bajo el sol estival.

No pongas demasiada esperanza en tus semejantes.

Quien tiene los ojos abiertos sobre sus propios defectos, verá crecer en su espíritu una fuerza nueva.

Un religioso ignorante es como una casa sin puerta.

Un sabio que no practica su ciencia es como una abeja que no da miel.

Cuando veas a un huérfano lleno de tristeza, cuídate de besarlo delante de tus hijos.

En el dolor, nadie te aliviará mejor que tu propia mano.

Una locura de viajero es querer construir su casa sobre el camino

Si no quieres morir de pena, no envidies la fortuna de tu prójimo.

Tus obras se convertirán en actos crueles, si no las pasas por el fuego del amor.

No escatimes con los demás, y no se escatimará contigo.

Entre una viga y otra, se puede encontrar lo que se busca.

Un esclavo no puede ser feliz ni aun en sueños.

Pregúntame cuál es mi virtud, y no cuál es el color de mi piel.

No permitas a tu boca pronunciar una maldición, pues cada hombre tiene marcado su día.

Cuando un santo entra en una taberna, la taberna se convierte en su propia celda.

Haz el bien como si arrojaras oro al mar.

Si la tierra se te resiste, es que el cielo no te es propicio.

El árbol no cae al primer golpe.

Donde hay un alma, hay una esperanza.

El vicio adquirido con la teta no se quita más que con la vida.

Mezclada con la seca, la madera húmeda arde.

Ningún suspiro cae a tierra.

El carro no avanza si no se le engrasan las ruedas.

En el mercado no se conoce ni al padre ni a la madre.

Cada mulero carga su mula.

Deséame la bienvenida mejor que darme de comer.

La guerra santa más meritoria es la que uno hace contra sus propias pasiones.

Sin los celos y la envidia del hombre, una sola cortesana sería suficiente para toda la ciudad.

El ojo legañoso niega la luz del sol, y la boca amarga, el gusto del agua.

A todo hombre le es posible hacer una buena obra frente a la muerte.

Embellece tu buena fe.

El ciego comete el mal en su casa y cree que nadie le ve.

Vale más emplear la arena contra quien las palabras no tienen ningún efecto.

Quien tiene los ojos hambrientos es hijo de la desdicha.

Un hombre es sabio mientras busca la sabiduría; si llega a creer que la ha encontrado, se convierte en idiota.

Cuanto más alto eleves tu palacio en vida, menos profundamente se te enterrará el día de tu muerte.

Cuando un zapato nos aprieta, el mundo se nos antoja estrecho.

Los niños de este siglo tienen nueve padres.

Un hombre en país extraño puede incluso atacar un huevo con un palo.

Los recuerdos no pueden ser guardados.

Sin un guía no se puede entrar ni en el paraíso.

Al espíritu hambriento, lo amargo le parece dulce.

Es el estómago el que lleva a los pies.

El amo de un pueblo es el que le sirve.

Es preferible empujar piedras con sabiduría que beber vino con un loco.

El rebaño que deja muchas pistas se convierte en pasto de los lobos.

Las palabras sensatas son para el sabio como la fiebre en el verano.

Si el agua puede mantenerse en el cielo, el cuervo ser blanco y la mirra convertirse en dulce como la miel, entonces el fuego se habrá convertido en sabiduría.

Vende tu mercancía mientras el polvo del camino se conserve todavía sobre tus vestidos.

Desgraciada la generación cuyos jueces merecen ser juzgados.

No es necesario mezclar una alegría con otra.

Unos calientan la comida y otros se la comen.

Si un hombre te dice que tienes orejas de asno, no le prestes atención; pero si te lo dicen dos, cómprate una brida.

Quien se hace grano, será devorado por los pájaros.

Cada vaso no rezuma más que aquello de lo que contiene.

Los orgullosos se quedarán siempre dormidos sobre su propio polvo.

Quien se apresura, se encuentra dominado por el tiempo; y quien tiene paciencia, somete el tiempo a su voluntad.

Toma la sabiduría sin preocuparte del recipiente donde se encuentra.

Someterse, cuando la necesidad lo exige, es una viril virtud.

Cuando el amo de la casa toca el tambor, no hace falta decir que sus hijos bailan.

Desgraciado aquel a quien la comida le viene de casa de su hermano.

Los viajes ponen al desnudo el alma del hombre.

No hay mayor soledad que la mala compañía.

Quien aumenta la grandeza de una tribu es uno de los suyos.

Si estás hambriento, el perro te seguirá.

Cada uno está hecho para lo que ha sido creado.

Todo lo que existe en el mundo está dentro de ti; busca, pues, en tu interior lo que quieras ser.

Quien tiene un niño, se hace niño para él.

El bosque no será nunca quemado si no lo es por su propia madera.

Quien debe el trigo, tiene que pedir prestada la harina.

Los barberos aprenden a afeitar sobre la cabeza de los huérfanos.

Todo defecto que place al sultán se convierte en una cualidad.

No es en el molino donde se ponen blancas las barbas.

Todo lo que se pudre, se sala; pero desgraciado el día en que la sal misma se pudra.

El insecto silencioso atraviesa las murallas.

Un ciego de la vista es preferible a un ciego del corazón.

Enfrenta el orgullo al orgullo.

Lava tu corazón lo mismo que se lava un vestido.

Las manos extrañas acaban por destruir la mansión bien construida.

No insultes a la uva de la viña con el pretexto de que acabará siendo vino.

Si quieres dar cornadas, hazlo contra quien tiene cuernos.

Para toda cosa que cae al suelo, hay un espigador.

El revés de la ciencia es el olvido.

El pudor es una rama de la fe.

Tu mano, hasta paralizada, forma parte de tu cuerpo.

La enfermedad es el diezmo que paga el cuerpo.

Sólo la corteza tiene piedad de la madera del árbol.

El trigo va de aquí para allá, pero siempre acaba en el molino.

Para un hombre no debe haber mejor ermita que su propia casa.

El avaro es como el perro que guarda la puerta de un desollador.

Quien siembra la tierra de otro, no trabaja ni para él ni para sus hijos.

No te creas elocuente porque un idiota te aplauda.

Hay todo un mundo que proviene de sentirse satisfecho con poco.

Mezcla tus penas con tus alegrías.

Toma de tu salud para tu enfermedad, y de tu vida para tu muerte.

Una hora para tu corazón y otra hora para tu dios.

Si tú eres señor y yo también, ¿quién aparejará el caballo?

Sobre cada mano se encuentra otra mano, y así hasta el cielo.

El mejor de entre nosotros no es quien desprecia este mundo, ni tampoco quien hace lo contrario, sino aquel que toma del uno y del otro.

Toda subida tiene su parte descendente.

Por cada loco se encuentra un sabio.

No seas demasiado dulce, porque te comerán; ni demasiado amargo, porque te despreciarán.

La divergencia de opinión es una misericordia de los dioses.

La cima del Universo es el hombre, y la cima del hombre es el Universo.

Si Alá no hubiera predispuesto a los hombres los unos contra los otros, la tierra estaría ya corrompida.

No seas agua que toma el tinte de todos los colores.

Si pasas por el país de los tuertos, hazlo con los ojos cerrados.

Hay quien se orina sobre lo que es ilícito y lo convierte en lícito.

Hay quien incendia un palacio para encender un cigarrillo.

Hay quien se sienta sobre un avispero y dice: «¡Qué fatalidad!»

No seas como la viña al borde del camino.

¿Acaso se ha visto nunca sembrar el grano con pinzas?

Cuando come la boca, el ojo se hace indulgente.

Aunque se le den al loco mil inteligencias, no querrá más que la suya.

Come lo que te plazca, pero vístete para los demás.

Si quieres la luna, no hagas caso de las estrellas.

Para un colador, no es un defecto tener agujeros.

A cada imperio, sus hombres; a cada época, sus esperanzas, y a cada cosa, sus límites.

Si frecuentas a la gente durante cuarenta años, te convertirás como ellos o tendrás que huir a otro medio.

Cada uno ama lo que se le parece.

Un asno ligero, una mujer dócil y una casa espaciosa prolongan la existencia.

Quien no está acostumbrado al incienso, piensa que se le quema el trasero.

Hay quienes se insultan en la avenida y se reconcilian en la callejuela.

Quien te insulta verdaderamente es quien te transmite los insultos de otro.

Ser paciente consigo mismo vale más que soportar la paciencia de los demás.

Un extranjero es como un ciego, aunque vea.

Que tus labios te sean tan preciosos como la riqueza.

El leopardo no saluda a la gacela más que para chupar su sangre.

Armenia

Algunos no saben nada e ignoran que no saben nada; otros no saben nada y saben que no saben nada; pero otros no saben nada y creen saberlo todo.

Si de verdad eres sabio, te harás pasar por un ignorante.

Cuando golpees una piedra con el pie, consulta antes tu conciencia.

Los consejos son regalos gratuitos que acaban costando caros a sus beneficiarios.

Cuando el coche ha volcado, todo el mundo se acerca a dar consejos.

Hay quien da la comida con una mano y con la otra coge el huevo.

Hay quien desciende del cielo y siempre parece que anda sobre las nubes.

¿Qué poder tienen una rosa en el mar y una violeta ante el fuego?

Hay mariposas que se posan en una rama y hacen caer todo lo que hay sobre el árbol.

El cobre cae de lo alto y no se rompe, pero queda en él la huella de su caída.

Todos los huevos no tienen dos yemas.

No hay árbol que no haya sido alguna vez removido por el viento.

Si todo el mundo se convierte en señor, ¿quién hará moler al molino?

Es mejor tener vergüenza al pie de la montaña que en su cima.

Por muy resplandeciente que sea el sol, la más pequeña nube lo oculta a nuestros ojos.

Cuando se cae al agua, la lluvia no preocupa.

Nunca se sacan dos pieles de un mismo cordero.

El hombre tiene tres orejas: dos a ambos lados de la cabeza y la tercera en el corazón.

Nadie puede calmar su hambre viendo trabajar a los demás.

Bélgica

Más vale tender la mano que el cuello.

El caldero siempre cree que la sartén es muy negra.

Por un clavo se pierde la herradura, por la herradura el caballo y por el caballo el caballero.

Todo el mundo cree que su mochuelo es un halcón.

Confecciona tu abrigo según la calidad de la tela.

Lo que nos falta, nos instruye.

Hasta la desgracia acaba por cansarse de perseguir al pobre.

Birmania

Atrapar la sonrisa es como meter el fuego en un granero.

Quien desea viajar rápido, toma los viejos caminos.

Domina la violencia, pero por medios amables.

Las palabras pronunciadas en la jungla desaparecen en la jungla.

Si llevas siempre contigo la palabra «no», jamás llegarás a pobre, ni siquiera en la vejez.

Quien tiene tierno el corazón, se convierte en un esclavo.

Extiende cualquier canción y se convertirá en un canto popular.

Mira una cosa con frecuencia y acabará pareciéndote más pequeña; huele una cosa con frecuencia, y perderá su perfume.

Para saber el valor del arroz y de la sal es necesario ser procurador; para saber el reconocimiento de la familia es necesario ser padre.

Brasil

El árbol con demasiadas hojas no da siempre frutos sabrosos.

La tierra no tiene sed de la sangre de los soldados, sino del sudor de los hombres.

Bulgaria

Golpea antes de ser golpeado.

Si tu casa se incendia, tus deudas volarán por la chimenea.

La única amiga del hombre es la tierra.

El ojo lo ve todo, menos a sí mismo.

En el mercado se venden mejor las pieles de cordero que las de lobo.

Colombia

Diez que gritan consiguen más que diez que se callan.

Nadie sabe para quién trabaja.

Cuba

¿Quién sabe quiénes somos?

Checoslovaquia

Cuando se presta la oreja a los consejos de la cola, la cabeza se vuelve loca.

Cada uno atiza las brasas de su propio fuego.

Mientras el idioma sigue vivo, la patria no está muerta.

Cree sólo en lo que tengas sobre la mano.

China

Lo mejor es no ser ni demasiado alto ni demasiado bajo.

Seas pobre o seas rico, está de acuerdo con tu suerte, pues tan sólo el loco es quien no sabe reír en cualquier circunstancia.

Si quieres agrandar los campos de tu felicidad, comienza por nivelar tu corazón.

La felicidad es como un rayo de sol, que la menor sombra puede interceptar.

La desgracia no entra más que por la puerta que encuentra abierta.

La desgracia no es aquello que puede ser evitado, sino lo que no puede serlo.

Sin el concurso de la buena fortuna, el oro puede llegar a parecerse al hierro.

Cuando la suerte nos sonríe, encontramos amigos; y cuando se pone contra nosotros, hallamos una mujer bonita.

Se fabrican lámparas para sustituir a la luz del día, y se estudia para encontrar la razón de las cosas; las primeras iluminan los lugares oscuros de la mansión, y la segunda, los del corazón.

Si dejas pasar tres días sin estudiar, tus palabras perderán su sabor.

Todas las artes mecánicas tienen alguna cosa vil; sólo el estudio de las letras es una cosa noble y elevada.

Se estudia letras con un solo profesor, pero se extienden sus conocimientos ante millones de hombres.

Estudiando el mundo se descubre que todos los hombres somos hermanos.

Mil estudiantes, mil nobles.

Es el deseo de saber lo que preocupa al mundo.

Cuando un hombre adquiere la ciencia, todas las criaturas se convierten en sus enemigos.

Saber que se sabe lo que se sabe y saber que no se sabe lo que no se sabe: he aquí la verdadera ciencia.

Conocer a otro no es más que una ciencia; conocerse a sí mismo es, sin embargo, comprender.

La ciencia no ilumina a una nación más que a través de las grandes verdades.

Cultivar las ciencias y no amar a los hombres es como encender una antorcha y cerrar los ojos.

Enseña a tus hijos las dos vías de la verdad: las bellas letras y la agricultura.

La casa donde se oyen los ruidos del estudio conocerá la prosperidad; pero la casa donde no se oyen más que canciones conocerá bien pronto la ruina.

Saber y creer que no se sabe es un gran mérito; no saberlo es una enfermedad, y sentir esta enfermedad es tenerla ya.

Conocer nuestra ignorancia es la mejor parte del conocimiento.

Instruir sin hablar es tan difícil como ser útil sin obrar.

Saber demasiadas cosas puede llegar a ser nocivo.

A más conciencia, menos bienes; a más bienes, menos conciencia.

Quien no es sumiso con sus padres, no puede ser sincero con sus amigos.

Cuando el marido y la mujer ocupan sus sitios respectivos en la familia, se opera como un equilibrio entre el cielo y la tierra.

Entre el hueso y la carne, entre el padre y sus hijos, el reconocimiento prevalece sobre el deber.

Si no pones antes en orden tu casa, mal podrás gobernar nunca el Estado.

Alimentar sin instruir es un pecado de padre.

Entre esposos, no hay enemistad que dure más de una noche.

Sobre un mar de virtudes, la piedad filial es la primera.

Un padre severo cría buenos hijos, lo contrario de una madre amante.

La mayor parte de las buenas esposas tienen malos maridos, así como la mayor parte de los buenos maridos tienen malas esposas.

Hay quien busca su asno estando sentado sobre él.

El hombre sin sabiduría es como la campana sin sonido.

Toda alma magnánima consulta a los demás; sólo las almas vulgares pasan sin consejos.

Prefiere que los demás sean ingratos a serlo tú con ellos.

Pintando el agua no puede pintarse el viento que produce las olas, al igual que pintando las flores, no puede sentirse su olor.

No quemes falsos inciensos delante de un verdadero dios.

No es la belleza la que decepciona, sino que son los hombres quienes se decepcionan a sí mismos.

Habrá siempre más dinero en la tierra del que puedas ganar, y más oficios en palacio de los que puedas desempeñar.

Se conoce al caballo en el camino y al caballero en el albergue.

Las bestias más bestias lo son menos que aquellos que se empeñan en abusar de su espíritu.

En medio de tu familia, vive separado de tu familia; en medio del mundo, vive separado del mundo.

Haz el bien lo mejor que sepas.

Una generación abre los caminos por donde la generación siguiente pasará.

El hombre que tiene la nariz roja, aunque no beba, creará a su alrededor una falsa reputación.

La simplicidad es invisible, puesto que no se puede demostrar jamás.

Quien se siente satisfecho no está en la ruina.

Producir sin poseer, trabajar sin esperar, prosperar sin usurpar: tal es la sabiduría.

Ser amable es ser invencible.

Deja siempre un pequeño sitio para el error.

La bondad es superior al error.

Si participas de los bienes de un hombre afortunado, trata de aminorar sus desdichas.

Cuando bebas en la fuente, recuerda la primavera.

Quien se deja dar, no puede ser bueno para tomar.

No hay sol para los ciegos, ni tormenta para los sordos.

Las riquezas y el nacimiento lo dan todo y no piden nada; la belleza y el talento conducen a todo y no aportan nada; la sabiduría y la virtud lo merecen todo y no aspiran a nada.

No te importe el precio del vino, si no tienes costumbre de beberlo.

Se alimenta a un ejército durante mil días, para servirse después del soldado durante un momento.

Si el orfebre es honesto, su familia muere de hambre; y si el sastre es probo, su mujer se queda sin abrigo.

El fuego asa la cabeza del cerdo, lo mismo que el dinero pone fin a todo proceso.

Si dos hombres están en litigio, el beneficio es siempre para un tercero.

La ley es sabia, pero los hombres no lo son.

El río Amarillo lleva algunas veces las aguas limpias: ¿No podría el hombre, por tanto, ser también algunos días feliz?

En el mercado, procura siempre no mostrar tu dinero.

El hombre envejece, pero su corazón no.

El corazón verdaderamente libre está abierto a todo, lo mismo que la colina libre reproduce el eco de todos los sonidos.

Para el beodo, la tierra y el cielo parecen inmensos.

El corazón no se turba, si no se mira lo que se desea.

Un espejo puede reflejar la figura del momento, al igual que un estudio de los ancianos permite conocer el tiempo presente.

Si el pececillo se aventura por aguas poco profundas, el cangrejo se mofa de él; si el tigre se adentra en el llano, el perro se ríe de él.

Todos los ríos van al mar, pero el mar no se desborda.

La pasión de la envidia es como un grano de arena en el ojo.

Tener demasiado espíritu es no tener bastante.

La economía da a los pobres lo que la prodigalidad quita a los ricos.

Es más bello salvar la inocencia a costa de la gloria, que salvar la patria a costa de la vida.

Cuando mejor se comporta el emperador en la capital es cuando se dice que se encuentra enfermo en provincias.

¿Qué es un hombre sin ningún mérito? Un gigante con traje de enano.

Quien miente para alabarse, no dice la verdad para censurarse.

El barro puede ocultar al rubí, pero no lo mancha.

¿Cuál es el más bello siglo de la filosofía? Aquel en que no habían nacido todavía los filósofos.

No es necesario emplear a los que resultan sospechosos, ni sospechar de aquellos a quienes se emplea.

Los palacios de los grandes rebosan de mujeres y las cabañas de los pobres, de hijos.

Se perdona todo a quien no se le perdona nada.

Los príncipes que más victorias han obtenido son aquellos a los que nadie ha osado hacer la guerra.

La puerta mejor cerrada es aquella que puede dejarse abierta.

Quien no sabe elogiar, ignora el arte de prevenir.

Quien sacrifica su conciencia a su ambición es como el que quema un cuadro para obtener sus cenizas.

Quien oculta sus faltas es porque quiere cometer otras.

Quien guarda lo superfluo para darlo a los pobres, no les dará nunca nada.

Se miden las torres por su sombra y los grandes hombres por sus ambiciones.

Cuando no se tiene campo para vender, se tiene grano para comprar.

Las verdades que menos se desean aprender son aquellas que interesa más saber.

La corte es como el mar: el viento que allí hace lo decide todo.

Se canta en la corte para beber, y se bebe en la ciudad para cantar.

Todos los falsos bienes producen verdaderos males: cada siglo repite al siguiente esta certidumbre.

Quien conoce su corazón, desafía a sus ojos.

Quien olvida las buenas acciones, recuerda las injurias.

La más brillante victoria no es más que el resplandor de un incendio.

Quien piensa de mí en secreto, me odia; y quien me dice las cosas a la cara, me desprecia.

Si no se tiene indulgencia para sí mismo, menos se tendrá para los demás.

Existen mil preguntas que exponer sobre el tema de las rosas que florecen en invierno.

Si crees en tus sueños, es como si malgastaras tu vida.

Las reflexiones que descienden al fondo del corazón llegan más lejos que si fueran al fin del mundo.

Quien ensancha su corazón, estrecha su boca.

La boca es una medida sin límites.

Sin ser engañado previamente, es imposible aprender el sentido del comercio.

Aunque tu campo tenga mucho arroz, tú no podrás comer más que un poco por día; y aunque tu casa sea espaciosa, no podrás ocupar más que un pequeño espacio cada noche.

El corazón del hombre es más ligero que su destino.

No hay más grande pecado que los deseos desordenados, ni más grande desgracia que no estar nunca satisfecho.

Lo mejor es contenerse dentro de los límites naturales.

Refrenar las pasiones y dejar libre curso a la gentileza es el único camino para ser como un niño.

La inteligencia consiste en percibir las cosas en su germen.

Vestir lujosamente, llevar pesadas espadas, comer con exceso y amasar grandes riquezas es lo que se llama, sencillamente, robar.

Cuando todo tiende a impedir una cosa, es cierto que ésta parece crecer.

La inefable simplicidad aporta la ausencia de deseos, al mismo tiempo que el reposo y la calma se restablecen.

La alta benevolencia es algo completamente desconocido.

La justicia inferior es puramente pretenciosa.

El honor deriva de lo que se es.

Quien raramente abre la boca, cierra rápidamente los ojos.

Tan sólo el altruista es capaz de amar y odiar a la vez.

La recompensa del bien y el castigo del mal son como la sombra que sigue al cuerpo, la cual siempre debería ser proporcional a su forma y su tamaño.

Deja siempre algún alimento para las ratas, y no enciendas la lámpara por piedad hacia las mariposas.

Siendo transparente como el cristal, se corre el riesgo de no ser reconocido.

Una mansión siempre es útil por el vacío que ella ofrece al uso.

El honor y la vergüenza producen los mismos recelos.

La fortuna y el desastre son lo que es quien los recibe.

Cuando la inteligencia es preservada de los honores, el mundo se vacía de vanidades.

En una nación en lucha, el patriotismo se extiende por doquier.

Cuando un pueblo es hábil y astuto, se hace más uso artificial de las cosas útiles.

Cuando el arte de engañar aumenta, los granujas prosperan.

Ejecuta las cosas difíciles en el momento en que aún son fáciles.

Sé audaz con amabilidad.

Cuando los cielos quieren preservar a un hombre, le envuelven de amabilidad.

El gran conquistador no desea la guerra.

Quien siente la piedad, conquista.

Cuando el pueblo no cree en la muerte, de nada sirve amenazarle con castigos.

Desafía a todas las religiones.

Cuando el corazón se ensancha, el cuerpo se engorda.

El trabajo del pensamiento es como el agua de pozo, que se clarifica poco a poco.

Para uno que dice mentira, hay cien que dicen verdad.

No tener asegurada la vida y guardar un corazón asegurado es algo de lo que sólo son capaces los grandes espíritus.

Es para el bien hacer para lo que sirve el bien ser.

Es necesario tomar por regla lo que nadie puede falsear.

El respeto de los criados está siempre en proporción con el orgullo del viajero.

Los tiempos propicios del cielo no pueden compararse a los de la tierra, ni los tiempos propicios de la tierra, a la concordia entre los hombres.

Cuando el árbol es lo suficientemente fuerte, se le abate.

El más grande árbol ha nacido de una semilla; una torre de nueve pisos ha comenzado por un puñado de tierra, y un viaje de mil leguas se inicia con un paso.

Cuantas más leyes hay para respetar, más pobre es el pueblo.

Cuantas más armas hay en el reino, más peligro para el pueblo.

Cuanto más cultivadas son las artes, más objetos inútiles existen.

Cuantas más leyes se dictan, más ladrones surgen.

Guardar la propia debilidad es hacerse fuerte.

Conocer la armonía es conocer lo que es eterno; y conocer lo eterno es ser lúcido.

La pureza es el descanso del cielo, y la coherencia, la paz de la tierra.

No te aflijas por no ser aún conocido, pero preocúpate por llegar a la dignidad de serlo.

Sin salir de casa, se puede conocer el mundo; y sin mirar por la ventana, se puede descubrir el camino del cielo.

Quien puede vencer a los otros es fuerte, pero quien se vence a sí mismo es verdaderamente poderoso.

Tener poca fe es no tener nada de ella.

Si se tiene poco, puede obtenerse mucho; si se tiene mucho, puede perderse todo.

Una rueda se compone de treinta radios, pero es gracias al eje central por lo que puede rodar.

La palabra y la acción son los medios por los que el hombre llega a conseguir que se abracen el cielo y la tierra.

El cielo contribuye a la sumisión y el hombre a la confianza.

¿Para qué pensar, para qué inquietarse, si todo llega al mismo punto por vías diversas?

Dar libre curso a las pasiones es imitar la conducta de los bárbaros.

El cielo no está más alto que la tierra en realidad, ni la montaña es menos plana que una huerta.

Si tú me das un pecado, yo te recompensaré con una ciruela.

Toda palabra entraña una réplica, al igual que toda buena acción requiere un reconocimiento.

Los golosos se hacen comerciantes y los perezosos, bonzos.

La gran prosperidad depende del cielo, y la pequeña, de la aplicación.

Pasar de largo o llegar tarde es como no esperar inútilmente.

Podrás preservarte de las calamidades que te lleguen del cielo, pero no así de las que procedan de ti mismo.

El pueblo llega a no creer en la muerte a fuerza de mal vivir.

Cuando las fuerzas y los talentos son iguales, es la nobleza de corazón quien establece la diferencia.

Quien hace morir de risa no tiene castigo.

La sabiduría no es para quien vive solo, pues necesita tener vecinos tanto para crearse como para expresarse.

Quien no hace nada por amor a la vida, estima a la vida en su verdadero valor.

El diferente valor de las cosas está en la misma naturaleza de las cosas.

Servir a un príncipe es como dormir con un tigre.

Salvar la vida de un hombre es más importante que construir una pagoda de siete pisos.

Si deseas ser justo, llama a tres ancianos.

Una boca amarga es una buena medicina.

Quien me adula es mi enemigo, y quien me reprueba me enseña.

Para salvar a un hombre que se ahoga en el centro de China, no envíes al mejor nadador de Yu.

¡Vomita tu inteligencia!

Conserva la calma, conserva tu esencia, y disfrutarás de larga vida.

En el cielo se acaba el símbolo, y en la tierra, la forma.

La excelencia del corazón resulta del cultivo de un germen de bondad, al igual que la buena cebada es el fruto de un buen año y de un buen sol.

Tan sólo no cambian los más prudentes y los peores idiotas.

La prudencia conoce sin buscar, ve sin mirar y hace todas las cosas sin obrar.

La prudencia que ha dominado a sus pasiones, pasa por entre los tigres y los rinocerontes, pues ha vencido a la muerte.

La prudencia es desesperadamente pobre, pero lleva sus tesoros en el corazón.

Las ligazones de la prudencia son simples como el agua, y las del hombre vulgar, dulces como la miel.

La prudencia no dice lo que hace, pero tampoco hace nada que no pueda ser dicho.

El hombre prudente no tiene ninguna opinión por suya.

Es prudente quien conoce a los demás.

La prudencia ambiciona lo que los demás desprecian, no dando ningún valor a las cosas difíciles de obtener.

Un hombre prudente no reprobará jamás a un loco.

La prudencia conserva el contrato, pero jamás reclama la deuda.

La prudencia no desea más que la ausencia de los deseos.

La prudencia se hace pequeña y adquiere por sí misma su verdadera grandeza.

Quien ofrece mal vino a sus invitados, no bebe en casa de éstos más que té.

La doctrina que no va más allá de los ojos o las orejas es como el hombre que come en sueños.

El espíritu anda por mejor camino que el corazón, pero nunca llega tan lejos.

Una bolsa de perlas no vale lo que una medida de arroz.

El ciruelo produce en todos los países las mismas flores.

Más vale equivocarse absolviendo a un culpable que condenando a un inocente.

Las tejas que nos guardan de la lluvia son fabricadas en el buen tiempo.

La bella pintura paga su cuadro.

Cuando los cocineros discuten, la comida se refríe o se quema.

Quien es tuerto, planta ciegos.

Quien ve el cielo en el agua, ve también los peces en los árboles.

Cuando se cae, no es el pie lo que ha fallado.

Quien remueve los zarzales, hace salir a las culebras.

Quien se ríe de una impertinencia, se hace cómplice de ella.

Las enfermedades entran por la boca y las desdichas salen por ella.

La singularidad no es un mérito más que para aquellos que no tienen ningún otro.

Se llega a la gloria por el palacio, a la fortuna por el mercado y a la virtud por el desierto.

No es el pozo lo que es más profundo, sino que es la cuerda la que es más corta.

Quien no sabe por dónde ha venido, no sabrá por dónde se tiene que marchar.

Si el pedestal es bello, la estatua también debe serlo.

Quien es lo que parece, hará lo que promete.

¿Quién es el hombre más insoportable? Aquel que ofende y no hay nada que pueda reprochársele.

Más vale enjugar una lágrima de un campesino que obtener cien sonrisas de un ministro.

Quien cierra su puerta, se confina en el fondo de los desiertos.

Los siglos en que han nacido mis verdades son aquellos en que se han inventado más fábulas.

Nadie tiene más miedo de las almas en pena que quien no cree en los espíritus.

Ayer, hoy y mañana son los tres días del hombre.

El uso del mundo conduce a la desconfianza; la desconfianza, a la sospecha; la sospecha, a la maldad, y la maldad, a todo.

La lanza más débil es aquella que tiene la empuñadura rota.

Quien tiene las manos frías no encuentra nada demasiado caliente.

La rosa no tiene espinas más que para quien quiere cogerla.

El más bello mañana no tiene nada que ver con la víscera.

Cuando el peine es demasiado fino, arranca los cabellos.

No es por falta de ver lejos por lo que se cae.

Quien cabalga sobre un tigre, no desciende fácilmente de él.

Dejad al pueblo todas las ignorancias que no sirvan para engañarle.

Es cuando el sol se eclipsa cuando puede apreciarse su resplandor.

Produce mucho, consume poco, trabaja con diligencia y habla con prudencia.

Es imposible hacer de cada día una fiesta.

No se acusa jamás sin mentir un poco.

Un idiota no se admira nunca más que cuando hace alguna tontería.

La gente más importante no respeta la fidelidad.

Un hermano es un amigo que nos ha sido dado por la naturaleza.

Es amar bien poco el odiar a alguien, y odiar a todo el mundo es no amarse más que a sí mismo.

Ser rey, gentilhombre o ministro puede ser el sueño de una noche, y reinar por mil años, una partida de ajedrez.

Mil estudiantes, mil nobles; mil jugadores, mil pobres.

Con ayuda del tiempo y paciencia, la hoja del morero acaba por convertirse en seda.

Entre los cuatro océanos, todos los hombres son hermanos.

Dinamarca

Los bellos proyectos y las telas nuevas se encogen con el uso.

Cada día se aprende algo que sirve para mañana.

Hay mucha gente que es como los relojes que indican una hora y hacen sonar otra.

Es sobre la tierra donde tenemos que pisar, aunque queme como un hierro al rojo vivo.

Quien llora hoy porque no tiene pan, puede ser el que llore mañana porque no tendrá apetito.

Todo no se pesa en la balanza.

Cuando la sonrisa es excesiva, seguro que el bocado es amargo.

Quien quiera economizar, por la boca deberá comenzar.

Está bien sentado quien puede levantarse sin pedir la ayuda de nadie.

Cuando se tiene la espada en la boca, se acaricia la vaina.

Quien te engaña una vez, te hace un agravio; pero si te engaña dos, te hace justicia, puesto que te toma por lo que eres.

Quien se halla sobre el mar, debe navegar o ahogarse.

Si los locos guardan silencio, pueden ser tomados por sabios.

La espera y la esperanza son la renta del loco.

Los pequeños santos también hacen milagros.

Es una gran ciencia saber reírse de las propias desgracias.

Quien quiera cerrar la boca de otro, deberá antes cerrar la suya.

No es necesario soplar sobre lo que no arde.

El dueño del saco es quien se sienta sobre él.

Toda acción culpable comporta en sí misma un testigo.

Lo que se lleva con ligereza sobre la conciencia, se siente pesadamente sobre las espaldas.

Quien no puede tener tocino, deberá contentarse con coles.

Desconfía de toda puerta que tenga demasiadas llaves.

La alegría de un hombre beodo es frecuentemente la tristeza de un hombre serio.

El puchero de tierra no gana nada puesto al lado de un puchero de cobre.

Es fácil nadar cuando alguien nos sostiene la cabeza.

Todo el mundo quiere pasar por donde la valla es menos alta.

Una llave de oro abre todas las puertas, menos la del cielo.

Quien no tiene halcón, se verá obligado a cazar con mochuelo.

No todo el mundo sabe poner «el dedo en el ojo».

Ningún hombre de fe se hace perro por amor a un hueso.

El caballo de otro con tu fusta puede hacer mucho.

Quien caza con gatos, atrapa sonrisas.

Cuando un invitado sonríe con amabilidad, es que ha puesto el ojo en la bolsa de su anfitrión.

Quien se sienta sobre tu espalda, intentará también sentarse sobre tu cabeza.

Toda vida tiene su alegría, y toda alegría, su ley.

Nadie tiene dos lenguas en su boca.

No hay anguila que no se jacte de querer ser ballena.

Quien quiera comer huevos, deberá soportar a las gallinas.

No es posible ver los pensamientos, pero se puede juzgar por la expresión de los rostros.

Quien desea «hacerse el loco», encuentra siempre alguien que le ayuda.

Hace falta un huevo para tener un pollo.

Quien pueda sentarse en una piedra y alimentarse, hará bien en no moverse.

El consejo que llega tras la equivocación es como un medicamento tras la muerte.

Aconsejar a un loco es igual que echar el agua en una cesta.

Egipto

Oír es precioso para el que escucha.

Escocia

Cuando un hombre cuenta que su padre ha sido ahorcado, es que tiene pocas cosas que decir.

Quien espera lo mejor, no puede consolarse al evitar lo peor.

Cada cosa es buena para aquello a lo que sirve.

Tan rápido corre el viento, que acaba por caer.

Dos negros no hacen un blanco.

Hasta el peor papel tiene necesidad de ser bien interpretado.

De poco, toma poco.

Un hombre puede vivir poco, pero no nada.

La benevolencia se arrastra cuando ya no puede caminar.

Tres pueden celebrar consejo, si dos de ellos están ausentes.

España

Abril mojado, malo en la huerta y bueno en el campo.

A buena hambre, no hay pan duro.

A carrera larga, nadie se escapa.

A cena de vino, desayuno de agua.

A destajo, mal trabajo.

A duelos y trabajos, corazón ancho.

A gusto dañado, lo dulce le resulta amargo.

A hombre gordo, camisa larga.

A la feria muchos van, a ver y no comprar.

A la leche, nada le eches.

Alba alta, vela baja.

Al buen amigo le prueba el peligro.

Al corazón, la boca le hace traición.

Al mal aire, darle calle.

A lo hecho, pecho.

Al viejo, el vino otra vez le hace niño.

A mala cama, dormir en medio.

A nuevos tiempos, usos nuevos.

Año nuevo, vida nueva.

A quien amasa y cuece, de todo le acontece.

Ara mucho y bien, estercola mejor, y serás buen labrador.

Arroz, pez y pepino, nacen en el agua y mueren en el vino.

A tal pregunta, tal respuesta.

A todo le sienta el tomate, menos a las gachas y al chocolate.

A veces pierde el hablar lo que ganó el callar.

A Zaragoza o al charco.
(Es el desenlace de un popular cuento con el que se pondera la terquedad que se atribuye a los aragoneses. Un baturro iba a Zaragoza y se negó a añadir la piadosa coletilla de «si Dios quiere». Entonces Dios le convirtió en rana, manteniéndole cantando en un charco durante cierto tiempo, hasta que por misericordia le volvió de nuevo a hombre. Y, creyéndole escarmentado, le volvió a preguntar al baturro: «¿A dónde vas?» A lo que el testarudo aragonés respondió: «A Zaragoza... o al charco».)

Cada villa su maravilla, y cada lugar su modo de arar.

Camino robado, camino seguro.

Cantar mal y porfiar no es de aprobar.

Casa con dos puertas, por una sale lo que por la otra entra.

Cazador, mentidor.

Cielo de luna, no hincha laguna.

Cobarde la mano, mal cirujano.

Con locos no te burles, o lo que te digan sufre.

Cuando el río suena, agua o piedras lleva.

Cuando la cosa más se aprieta, se suelta.

Cuando llueve y hace sol, saca la vieja el requesón.

Deja la bola rodar, que ya parará.

Del dicho al hecho, hay diez leguas de trecho.

Del leer sale el saber.

De lo malo, poco, y de lo peor, nada.

De la suegra y del sol, contra más lejos, mejor.

De músico, poeta y loco, todos tenemos un poco.

De necios es huir del consejo.

Desprecia a tu enemigo, y serás vencido.

De un cuento nacen ciento.

Diciembre es del año el mes más anciano.

Divide y vencerás

Donde escupen muchos, barro hacen.

Donde hay hoyo, se echa tierra.

Echando mucho aceite a la sartén, cualquiera fríe bien.

El aceite es armero, relojero y curandero.

El agua es blanda y la piedra dura, pero gota a gota hace cavadura.

El amigo y el vino, antiguos.

El camino de la boca nadie lo equivoca.

El cestero que hace un cesto, hace ciento.

El criado y el oficial, haciendo lo que les mandan, no harán mal.

El día siguiente es siempre discípulo del pasado.

El hierro se ha de batir al hervir.

Más vale pan duro que ninguno.

El principio es la mitad del fin.

El trigo acostado y el dueño levantado.

En comiendo mucho y meando claro, manda a la porra al cirujano.

En este mundo loco, unos duran mucho y otros poco.

En la piedra se prueba el oro, y al hombre en el oro.

En Maluenda, mucho mantel y poca merienda.

En martes, ni te cases ni te embarques.

En mesa ajena, la tripa llena.

En no habiendo lomo, de todo como.

En río quedo, no metas ni un dedo.

Enseñando se aprende.

En tierra de ciegos, el tuerto es rey.

Las cosas de palacio siempre van despacio.

Estómago hambriento no admite argumentos.

Explicación a destiempo promueve sospecha.

Guárdate y Dios te guardará.

Hambre y esperar hacen rabiar.

La cama come.

La claridad es amiga de la verdad.

La compañía de la alpargata, que en el camino se desata.

La esperanza hasta el fin de la vida alcanza.

La libertad y la salud valen más que el Perú.

La maravilla dura un día, pues a los tres ya no lo es.

La mejor cocinera es la aceitera.

La mierda dejarla estar queda, para que menos huela.

A la pera dura, el tiempo la madura.

Largo el cabello, corto el seso.

Las noticias malas tienen alas.

Leche, sangre y manteca, todo de una teta.

Leña verde, mal se enciende.

Lo hecho tiene más fuerza que Dios.

Lo mismo da a pie que andando.

Lo que es moda, no incomoda.

Lo que saben tres, público es.

Lo que tiene, pero no es del todo bueno.

Los sueños, sueños son.

Luna brillante, buen tiempo por delante.

Llaga en coyuntura, tiene mala cura.

Llegar y besar es mucho lograr.

Mal sin doctor y hacienda sin señor, de mal en peor.

Mancha en honra, llaga honda.

Más dulce es la miel para quien sabe cómo es la hiel.

Más fácil es destruir que construir.

Más vale evitar que remediar.

Más vale mearse de gusto que mearse de susto.

Más vale preso que muerto.

Más vale un diente que un pariente.

Más vale un «sí» tardío que un «no» vacío.

Menos mantel y más que comer.

El espanto pasado, el santo olvidado.

Mientras el sabio piensa, el necio hace su hacienda.

Nada cura al necio como el desprecio.

Nadie, por turbia que esté, diga: «De este agua no beberé».

Ni casa sin puerta, ni olla descubierta.

No duermas en prado, ni pases primero el vado.

Ni el más sabio lo sabe todo.

Ningún tonto se vuelve loco.

Ni para lo malo falta autor, ni para lo bueno contradictor.

No bebas sin ver, ni firmes sin leer.

No crece el río con agua limpia.

No es tan pronta la herida como la cura.

No hay anverso sin reverso.

No hay carne sin hueso.

No hay chimenea sin humo.

No hay nada nuevo bajo la capa del cielo.

No hay plazo que no llegue ni mala maña que no se pegue.

No siempre lo peor es cierto.

Nota el error, pero no ofendas al autor.

Por mucho trigo, nunca es mal año.

Nudo que no hiciste, punto que perdiste.

Palabras sin obras, guitarra sin cuerdas.

Pan, vino y carne, crían buena sangre.

Pan tierno y leña verde, la casa pierde.

Piensa el bobo que él lo sabe todo.

Por la muestra se conoce el paño.

Por las obras, y no por el vestido, es el hombre conocido.

Porque quiero del mundo gozar, he de oír, ver y callar.

Por si te escapas, suelas y tapas.

Por un gustazo, un trancazo.

Próspera vida: arte, orden y medida.

Quedar con el pellejo vale más que un buen consejo.

Quéjate como debes, y no como suelen.

Querer sanar es media salud.

Quien a la guerra muchas veces va, o deja la piel o la dejará.

Quien a los cuarenta no atura, y a los cincuenta no adivina, a los sesenta desatina.

Quien amaga y no da, hace mal.

Quien a todos cree, yerra; y quien a ninguno, no acierta.

Quien ayuna por San Juan, o es tonto o no tiene pan.

Quien bien sirve, callando pide.

Quien busca, encuentra.

Quien canta, su mal espanta.

Quien come, no discute.

Quien con mucho vino cena, con poco pan almuerza.

Quien cuece y amasa, de todo le pasa.

Quien da lo suyo antes de morir, prepárese a sufrir.

Quien en agosto duerme, velará en diciembre.

Quien espera, desespera, si no alcanza lo que desea.

El piojo que ha sido liendre, pega cada picotazo que enciende.

Quien ignora, ni peca ni merece.

Quien mal come, a la cara le sale.

Quien más sabe, más duda.

Quien no tapa la gotera, tapa la casa entera.

Quien no está hecho a bragas, las costuras le hacen llagas.

Quien quiera pescar, se habrá de mojar.

Quien tiene la llave, cuando quiere cierra y cuando quiere abre.

Quien ve mundo, aprende mucho.

¿Quieres saber quién es Blas? Trátalo y verás.

Quitada la causa, cesa el efecto.

Raíz amarga es la del estudio, pero muy dulce su fruto.

Repicar y estar en la procesión, cosas incompatibles son.

Ropa usada, pronto se rompe.

Roto o sano, mejor está el zapato en el pie que en la mano.

Sarna con gusto no pica.

Secreto de muchos, secreto de nadie.

Sembrar para coger y coger para sembrar.

Si a alguien probar quieres, dale oficio y sabrás quién es.

Si a descasarse tocaran, ¡cuántos se descasarían!

Si buscas alegría, siembra y cría.

Si como prima tercia, como tercia quinta y como quinta octava, como empieza, así acaba.

Si con monjas quieres tratar, cumple con hablar, retener y no dar.

Si dudas, o calla o pregunta.

Si el hombre fuese adivino, no moriría mezquino.

Siembra en tierno o duro, y no tendrás que besar a tu suegro el culo.

Si es rosa, olerá, y si es mierda, hederá.

Si hoy llovió, otro día hará sol.

Si engañas al médico, al confesor o al abogado, tú eres en realidad el engañado.

Sólo el que carretea vuelca.

Sufrir por valer, trabajar por tener y estudiar por saber.

Taberna sin gente, poco vende.

Yerno, sol de invierno.

Tal el abad, tal el sacristán.

Tiempo ido, nunca más venido.

Todo árbol es de madera, pero el pino no es caoba.

Todo se pega, menos la salud.

Tomar el freno, a veces es malo y a veces es bueno.

Tormentas por San Juan, quitan vino y no dan pan.

Tras las uvas y la miel, sabe mal el vino, pero hace bien.

Tres cosas cambian la naturaleza del hombre: la mujer, el estudio y el vino.

Tropezando se aprende a no caer.

Tu secreto dijiste, esclavo te hiciste.

Una de cal y otra de arena, y la obra saldrá buena.

Una y no más, Santo Tomás.

Un buen día nunca se olvida.

Un loco hace ciento, y un tonto, un regimiento.

Viña en rincón y casa en cantón.

Yesca junto al fuego, arde muy luego.

Acertar errando es suerte y no talento.

Agua con sol, año criador.

Agua y sol, tiempo de caracol.

Aguja fina saca espina.

A la boca amarga, la miel le sabe a retama.

Al casar ha de seguir bien pronto el arrepentir.

Al sabio, ni el bien lo aloca, ni el mal lo apoca.

Al mal tiempo buena cara.

A mantel puesto, amigos ciento.

Amistades nuevas olvidan las viejas.

Antes de tragado, bien mascado y remojado.

Aparcería, sólo con Dios y Santa María.

Aprisa y bien no puede ser.

A quien presume de sabio, por necio hay que dejarlo.

A una no puede ser soplar y sorber.

Basta esquilar, sin desollar.

Boca que mucho se abre, es por sueño o por hambre.

Buenas palabras y buenos modos dan gusto a todos.

Cabrito de un mes, cordero de tres y lechón de diez días.

Cada uno es hijo de sus obras, más que de sus padres.

Cada uno se porta conforme a sus primeras sopas.

Cántaro roto, el remedio es comprar otro.

Comer y cagar, vida ejemplar.

Come bien, bebe mejor, mea claro, pede fuerte y cágate en la muerte.

Con la ayuda del vecino se acaba más pronto el vino.

Con pan y carne, nadie se muere de hambre.

Consejo no pedido, consejo mal oído.

Cual te veo, tal te creo.

Cuando el necio va, ya el listo de vuelta está.

Cuando veas las barbas de tu vecino pelar, pon las tuyas a remojar.

Cuchillo de melonero, cata lo malo y lo bueno.

Chimenea acabada, a los tres días ahumada.

A Dios rogando y con el mazo dando.

De donde no hay, nada se puede sacar.

Dejar lo cierto por lo dudoso no es de hombre juicioso.

De la familia y del sol, cuanto más lejos, mejor.

De los viejos, los consejos.

De poco sirve la ciencia donde falta la prudencia.

Desde la barrera, bien torea cualquiera.

Doncellez y preñez no pueden ser a la vez.

Donde comen dos, comen tres, si hay comida para cuatro.

Donde la fuerza sobra, la razón falta.

Duro de cocer, duro de comer.

Echar a andar es lo más difícil del caminar.

Eje ensebado, carro callado.

El alcalde de mi pueblo me lo enseñó: «Quítate tú para que me ponga yo».

El arte en lo difícil consiste, que no en lo fácil.

El buen vino, para el catador fino.

El clérigo de lo que canta yanta.

El consejo es más fácil de dar que de tomar.

El discípulo que sale diestro, pronto aventaja al maestro.

El espejo no hace nuevo lo viejo.

El médico y el confesor, contra más viejos, mejor.

El miedo guarda el viñedo.

El necio malicioso de todos es sospechoso.

En cama extraña mal se juntan las pestañas.

En dar y en creer nunca fácil debes ser.

En la silla del trono cabe un culo solo.

Entre correr y parar, hay un paso regular.

Escarmentar en mal ajeno es barato y bueno.

Este mundo es un fandango, y el que no lo baila es un asno.

Flores pintadas no huelen a nada.

Fraile, manceba y criado son enemigos pagados.

Francés sin jamón ni vino, no vale un comino.

Galán atrevido, de las damas preferido.

Gusta lo ajeno, más por ajeno que por bueno.

Hacer enseña a hacer.

Hacienda que otro ganó, poco duró.

Hasta un pelo hace su sombra en el suelo.

Huye de la multitud, si quieres tener quietud.

La ignorancia es madre de la admiración.

La moza y el fraile se parecen en la calle.

Las glorias olvidan las memorias.

Locura es correr en vano.

Lo primero es comer, y lo demás vendrá después.

Lo que a unos afea, a otros hermosea.

Lo que en la mocedad no se aprende, en la vejez mal se entiende.

Lo que no es necesario, por ningún precio es barato.

Lo que poseo, lo deseo, pero de lo que no poseo, todo cuanto veo.

Los ciegos tienen la vista en los dedos.

Los huesos que acabo de roer, que no me los den de comer.

Los ojos a todos ven, pero ellos no se ven.

Llagas untadas, llagas aliviadas.

Llave usada, lustrosa; llave sin uso, mohosa.

Llover sobre mojado, mil veces ha pasado.

Mal breve, poco se teme.

Mal duerme quien penas tiene.

Mal predica quien mal come.

Mañana de niebla, buen día espera, si no llueve, nieva o ventea.

Más enseña la adversidad que diez años de universidad.

Más sabe en su casa el necio que el sabio en la del vecino.

Más se piensa en un día de soledad que en ciento de sociedad.

Más vale pan y ensalada que no comer nada.

Más vale tuerta que muerta.

Médico negligente, mata a mucha gente.

Mejor es evitar que remediar.

Mira y verás, aprende y sabrás, medita y enjuiciarás.

Mocedad y buen entendimiento no vienen a un tiempo.

Monja arrepentida, no hay peor vida.

Nadie más engreído que un tonto bien vestido.

Ni comer sin beber, ni mear sin peder.

No alabes ninguna jornada hasta que la noche no sea llegada.

No hay efecto sin causa.

No hay reloj más fijo a la hora de comer que gana tener.

No hay tonto, por tonto que sea, que tonto se crea.

No querer tras querer, bien puede suceder.

No ver y no saber, la misma cosa vienen a ser.

Nudo hagas que deshagas.

Ojos que bien se quieren, desde lejos se entienden.

Orador no convencido, a nadie ha persuadido.

Oye mucho y habla poco, pues lo contrario hace el loco.

Paciencia sí, pero con experiencia.

Pájaro que de dos tiros no cayó, voló.

Palo de ciego, hombre al suelo.

Para creer, no hay cosa como ver.

Penetra en ti mismo y entrarás en un abismo.

Pensar y no decir es como concebir y no parir.

Perdona una vez, pero no tres.

Pimienta, pero no tanta, que llegue a escocer la garganta.

La pobreza es la madre de la tristeza.

Poco, puro y a menudo.

Ponte un cencerro en el cuello y echa a andar: dos mil te seguirán.

Por el olfato se adivina el plato.

Por enero vale más una gorra que un sombrero.

Que escojas te aconsejo barbero joven y médico viejo.

Quien calla a lo que se le pidió, dice que no.

Quien come ajos, rábanos o morcilla, en la boca los tiene todo el día.

Quien come con cordura, por su salud procura.

Quien da lo que es de otro, o se burla o está loco.

Quien de dos relojes se sirve, no sabe en la hora que vive.

Quien en la mesa canta, o está loco o poco le falta.

Quien escucha por agujero, escucha lo propio y lo ajeno.

Quien huéspedes tiene, ni come ni caga cuando quiere.

Quien más sabe, más vale.

Quien no anda, no se cansa.

Quien nunca se ríe es gato, y quien siempre lo hace, un mentecato.

Quien perdió y no halló, a los diablos se dio.

Quien por su gusto elige mal, váyase al infierno a quejar.

Quien practicando no aprende, poco talento tiene.

Quien pueda vivir libre, que no se cautive.

Quien retiene la orina, su salud arruina.

Quien sabe que no sabe, algo sabe.

Quien se cayó, del suelo no pasó.

Quien siembra en viña, ni siega ni vendimia.

Quien te enseña el bien es quien te quiere bien.

Quien tiene boca, se equivoca.

Quien tiene vergüenza, flaco vive y pobre muere.

¿Quieres tener un buen criado? Sírvete por tu mano.

Sabio es quien escucha y necio quien se escucha.

Sarna con gusto no pica, y si pica, no mortifica.

Secreto de tres, secreto que no es.

Señal cierta de que va a llover: ver la lluvia caer.

Si el cielo se cae abajo, a todos nos cogerá debajo.

Si el tirador es malo, para estar seguro, ponte en el blanco.

Si entre los lobos has de morar, aprende a aullar.

Sin olor, color ni sabor, el agua es mejor.

Sin sal, todo sabe mal.

Solamente no se sabe lo que no se hace.

Sol en teja, sombra en calleja.

Sol que pica, cambio de tiempo significa.

Sol y sal preservan de todo mal.

Taza cascada dura siglos, si no es usada.

Tiende al fin, y tendrás el medio.

Todo lo andaremos y por tu puerta pasaremos.

Todos somos hijos de Adán, pero nos queremos diferenciar.

Todos tienen sombrero, pero no todos tienen cabeza donde ponerlo.

Trabajar para más valer y estudiar para más saber.

El trato con todos, la amistad con pocos, la confianza con uno solo y la intimidad con ninguno.

Truenos sordos, agua a chorros.

Una cosa es tener guitarra y otra saber tocarla.

Una hora duerme el gallo, dos el caballo, tres el santo, cuatro el que no es tanto, cinco el caminante, seis el estudiante, siete el peregrino, ocho el capuchino, nueve el pordiosero, diez el caballero, once el muchacho y doce el borracho.

Unas veces tropezando y otras cayendo, vamos viviendo.

Una y buena vale más que una docena.

Un buen callar no fue escrito jamás.

Yerro es ir a cazar sin perro.

Yeso y cal encubren muy mal.

Zapatitos de charol, ni para el agua ni para el sol.

Estados Unidos

La calamidad suele presentarse como una amiga disfrazada.

La adversidad no tiene amigos.

La adversidad nos proporciona sabiduría hasta que sobreviene una nueva catástrofe.

La suerte dispensa la vida con una irregular justicia.

No hay nada que deba ser dejado en manos de la suerte.

Hasta un pajarillo ciego puede encontrar alguna vez un grano de cebada.

El experto es quien sabe más sobre menos cosas.

La conciencia es el ángel vengador agazapado en el espíritu.

Una conciencia culpable no tiene necesidad de fiscal acusador.

Aunque no tengas testigos que te observen, guárdate de ti mismo.

Dar un consejo después de una desgracia, es como proporcionar el remedio después de la muerte.

Los peligros son vencidos por los peligros.

Hay alegría en el peligro y peligro en la alegría.

Más vale afrontar el peligro que tener siempre miedo.

No des la paja a tu perro y los huesos a tu caballo.

Un saco vacío no se tiene de pie.

El tonel guarda siempre el olor de la sardina.

Si has nacido yunque, ten paciencia; si has nacido martillo, golpea fuerte.

El yunque dura más que el martillo.

Conviértete en lo que eres.

Las manzanas que se hallan al otro lado del muro son siempre las más dulces.

No preguntes a un ciego el camino de la ciudad.

El hombre debería comportarse con sus superiores como con el fuego: ni demasiado cerca, porque se quemará, ni demasiado lejos, porque se helará.

Mezcla lo bueno con lo malo y lo dulce con lo amargo.

El pez que muerde el cebo acaba por ser atrapado.

La balanza no distingue entre el plomo y el oro.

La barba no hace al médico ni al filósofo.

Si la barba fuera signo de inteligencia, la cabra sería Sócrates.

Las abejas que tienen miel, tienen también aguijón.

Deberás beber la cerveza que ha sido servida para ti, por amarga que sea.

Más vale ser grosero en la abundancia que cortés en la pobreza.

Lo mejor es el mejor mercado.

La Biblia está editada en seiscientas dieciocho lenguas, pero no se lee en ninguna.

Nadie puede ayudar a su propio nacimiento.

Roe el hueso que te es echado.

No debe haber nada hoy que comprometa el mañana.

No permitas nunca que se vean ni el fondo de tu bolsa, ni el de tus pensamientos.

Hasta el corazón tiene sus fronteras.

El precio de tu sombrero no corresponde a la medida de tu cerebro.

Un cerebro vacío es algo así como la botica del diablo.

Guarda tu tienda y ella te guardará.

La candela no ilumina por ella misma.

La carroña abandonada por el águila alimenta al cuervo.

Para el optimista, todo cambio es para ir a mejor.

Los círculos, por pequeños que sean, son siempre algo completo.

La edad de oro no es nunca la presente.

Todo lo que viene de la vaca no es mantequilla.

Hasta el día más largo tiene también su fin.

Si el mismo hombre te engaña dos veces, es que mereces la ruina.

Aquello que te encubre, te descubrirá.

El ataque es la mejor defensa.

¡Ahógate o nada!

La semilla está en el fruto y el fruto está en la semilla.

Duda de lo peor y espera de lo mejor.

No hay como el asno para alabar su propia sabiduría.

Hay muchos que saben barajar las cartas, pero no jugarlas.

La sabiduría no llega por la edad, sino por la experiencia.

Si no aceptas nada, nada tendrás.

Es imposible hacer una cuerda con arena.

El hombre en quien has confiado, te traicionará tarde o temprano.

«Por poco» no ha muerto nunca ni siquiera una mosca.

Un embajador es un hombre valiente, que ha sido mandado al extranjero para mentir por el bien de su país.

Todo el mundo está loco, salvo tú y yo.

Podrás ser tan viejo como Matusalén, y a la vez estar loco.

No hay loco más loco que un anciano loco.

No digas todo lo que sabes, no creas todo lo que oigas, ni hagas todo lo que seas capaz de hacer.

Si tu cabeza es de cera, no trabajes al sol.

La oscuridad no tiene vergüenza.

No me hagas preguntas y yo no te diré mentiras.

Finlandia

Con una hoz de plata se siegan las espigas de oro.

Nadie esquía tan aladamente como para no dejar tras de sí sus huellas.

Si sabes dónde vas a caer, cubre ese lugar de paja.

La primera noche bajo la horca es la peor.

El cerdo nunca gruñe a causa de su aspecto.

La única cosa que muestra en un hombre lo que se oculta a los demás es el sufrimiento.

Francia

Quien se inquieta, mal encuentra su viento.

No te preocupes por quién trabajará tus viñas después de tu muerte.

No hay penas razonables.

Cien años de pena no pagan ni un centavo de deudas.

Quien no esté contento, tendrá dos penas: la de enfadarse y la de desenfadarse.

Quien teme sufrir, sufre de miedo.

Para una joya, mil dolores.

Es feliz quien puede, pero no quien quiere.

No es feliz más que quien cree serlo.

Los seres felices no aprenden nada.

Quien tiene guisantes y pan, tocino y vino; quien tiene cinco cuartos y no debe nada, bien puede alabar la vida.

El placer corre más deprisa que los que huyen.

La felicidad está en nosotros, en nuestra casa, alrededor nuestro, debajo y encima de nosotros.

La felicidad está allí donde se la encuentra.

La felicidad es el cebo de la temeridad.

Después de los duelos vienen las grandes alegrías.

En el juego, más vale suerte que saber jugar.

Se aprende mejor un idioma en una cocina que en la escuela.

Saberlo todo es no saber nada.

Quien más sabe es quien mejor sabe vivir.

Nada sabe, sino que yo sé, quien nada sabe.

Del saber viene el tener.

Tres saberes gobiernan el mundo: el saber, ese saber vivir y el saber hacer. Pero el último, frecuentemente, ocupa el lugar de los otros dos.

No importa cuánto se sabe, sino cómo se sabe.

Quien no sabe nada, nada duda.

La ciencia es buena droga, pero ello depende del vaso.

No hay como vivir para aprender.

La escuela es una piscina de vida.

El libro hace vivir.

Antes de consultar tu fantasía, consulta tu bolsa.

Cuando llega la gloria, la memoria se va.

Pequeña cocina, grande mansión.

Quien come guisantes con su señor, no se come los mejores.

En la mesa se hacen los grandes guerreros y toda clase de hombres.

No es necesario mirar demasiado lo que se come, sino con quién se come.

Más importa la comida, que la bayoneta o la metralla.

La mejor alquimia se hace con los dientes.

La mesa es la mediadora de la amistad.

Al beber y comer, eructamos, pero al pagar, suspiramos.

Era tan pobre que Dios le buscaba para matarlo.

¿Qué tendrá de común el asno con el tigre?

Quien trabaja, hace mejor que si rezara.

Lo que el corazón no ve, el corazón no lo sueña.

Cosa demasiado vista, no es demasiado apreciada.

Quien desee vivir en Roma, no deberá querellarse con el papa.

En la guerra, en la caza y en el amor, mil dolores por un placer.

Después de la fiesta, siempre hay alguien que se rasca la cabeza.

El vino y la mujer atrapan al más prudente.

La paz engendra la prosperidad; de la prosperidad viene la riqueza; de la riqueza el orgullo; del dinero la contención; de la contención la guerra; de la guerra la pobreza; de la pobreza la humildad; y de la humildad, vuelve de nuevo la paz.

Conservar el reloj, servir a la joven dama, reparar la vieja mansión, todo es volver a recomenzar.

No hay nadie sin pena, ninguna rosa sin espina, ninguna virtud sin fatiga, ningún vicio sin suplicio, ningún vino sin poso, ningún placer sin disgusto, ningún derecho sin revés, ninguna madera sin corteza, ninguna nuez sin cascar, ni ningún día sin su noche.

Oye, ve y calla. Y vivirás en paz.

Fin contra fin, no es doblez.

La mayor fineza es la simpleza.

Quien ama su espíritu, no tiene en cuenta sus costumbres.

Contra forzudos y locos, no valen las letras ni los escudos.

Las murallas son de papel para los locos.

Una buena huida vale más que una mala espera.

No es necesario poner armas en las manos de quienes se sienten furiosos.

Lo que no se gana con las manos, se tiene que buscar con los dientes.

Es vergonzoso volver a tropezar en la misma piedra.

Gota a gota, el agua agujerea la piedra.

El aceite es más fuerte que el hierro.

Todo parece joven a quien posee juventud.

Quien puede lamer, puede también morder.

Levantarse a las seis, comer a las diez; cenar a las seis, acostarse a las diez; hacen vivir al hombre diez veces diez.

Quien domine sus deseos, será tanto más libre.

Cierra la mano y di que no tienes nada en ella.

Mano cerrada, corazón estrecho.

Rostro oculto, corazón al desnudo.

La miel no se ha hecho para la boca del asno.

Quien ha naufragado dos veces, no debe volver a embarcar.

Quien se queda en París, no será jamás papa.

El cielo, cuando es azul, lo es por completo.

Paso a paso, se llega lejos.

Bajo el sombrero de un campesino puede encontrarse el consejo de un príncipe.

Al mejor pescador, se le escapa alguna vez una anguila.

Los pensamientos no pagan impuestos.

Mal piensa quien no reflexiona.

El hombre prudente no dice todo lo que piensa, pero sí que piensa todo lo que dice.

Más vale pensar que decir.

Poco a poco, se llega a maestro.

Muchos pocos hacen un mucho.

La presencia de espíritu es coraje.

Hay una providencia para los beodos, los niños y los locos.

Cuando el pozo se seca, se sabe lo que el agua vale.

Quien responde, paga.

Del robar al restituir, se gana un treinta por cien.

Ser prudente después del golpe, no es una gran maravilla.

Tiene más mérito ser prudente para otro que para sí mismo.

Más vale seducir que castigar.

Entre dos sillas, el culo en el suelo.

Quien siembra claro, recoge espeso; quien siembra espeso, recoge claro.

A cada uno lo suyo no es dar de más.

Las gentes dicen lo que hacen, los viejos lo que han hecho, y los necios lo que harán.

Un sabio necio es más necio que el necio ignorante.

Las grandes bodas las hacen los necios.

Nadie es censurado antes de hacer la primera idiotez.

Tanto vale una cosa como se la puede hacer valer.

Venta, muerte y matrimonio resuelven todo arriendo.

Quien paga los violones, no siempre danza con ellos.

Menos celo y más sal.

Según el brazo, la sangría.

Puede decirse a las campanas lo que se quiera.

Los locos inventan las modas y los cuerdos las siguen.

Es mejor estar loco con loco, que sabio solo.

Quien mejor abreva, mejor prueba.

Los más acomodados son los más hábiles.

Bien venido quien algo trae.

No te asocies más que con quien sea de tu par igual.

No te esperes más que a ti solo.

Que no vaya al banquete quien no quiere comer, al mar quien teme al peligro, a un tribunal quien dice todo lo que piensa, ni al baile quien no le gusta bailar.

En el camino pisado no crece la hierba.

El zurrón bien paseado alimenta bien a su dueño.

Habla poco y trabaja: sabio es quien así actúa.

No es la madera verde solamente la que no se enciende.

Todo el mundo es jorobado cuando hacia delante se inclina.

Todo lo que se mueve no se cae.

Espalda de sollo, vientre de carpa.

Nadie es tan pequeño que no haga algo de sombra.

De un cernícalo no se puede hacer un gavilán.

La adversidad hace la prudencia.

Más bajo cae quien más alto sube.

Comparación no es razón.

Al vino no se le conoce a ojo, ni al hombre por su hábito.

Es bien loco quien a la vez quiere contentar a todo el mundo y a su padre.

Mientras haya cuerda en el pozo, es necesario seguir tirando.

La cocina pequeña agranda la casa.

Más vale peón vivo que emperador enterrado.

Contra el pedir, está el negar.

El agua más clara puede venir del barro.

Quien escucha en las puertas, oirá hablar mal de sí mismo.

Quien puede y no se abstiene, peca.

El espíritu que desea tener, busca lo que no tiene.

Obispo de oro, mitra de madera; mitra de oro, obispo de madera.

Quien bien se mira, bien se ve; y quien bien se ve, bien se conoce.

Es loco quien loco comienza, es loco quien loco no duda, es loco quien el loco se hace, es loco quien con loco se casa, pero más loco es aún quien a su hija con loco casa.

En príncipe, belleza; en clérigo, humildad; en prelado, sabiduría; en heraldo, conocimiento; en fama, competencia; en religión, obediencia; en sargento, obediencia; en tela, bonito color; y en el vino, buen sabor.

Si el hábito no hace al hombre, menos aún lo engalana.

Si quieres vivir santamente y disfrutar de tus bienes por largo tiempo, guarda tu lengua en silencio.

De cuatro cosas Dios me guarde: del niño que tarda, de la carne salada sin mostaza, de la mujer que se afeita, y del doncel que se mira y se remira.

Sol que luce muy de mañana, niño alimentado con vino, y mujer que habla latín, ninguno de los tres tienen buen fin.

A cada uno le place la suerte de su naturaleza.

A loco narrador, sabio auditor.

A quien desea demasiado, nada le falta.

En el comienzo de toda obra está ya su fin.

Aprende y sabrás: si tienes, podrás; si puedes, querrás; si quieres, tendrás; y si tienes, bien harás.

Si bien haces, a Dios verás; y si a Dios ves, santo serás.

Bien ama quien no olvida, y bien hace quien se humilla.

Buena es la malla que salva al dinero.

El bien no piensa para quien no contrapiensa.

El que en la miseria vive, se siente ofendido cuando se ríe.

No se puede correr y cornear a un mismo tiempo.

Con florines, lengua y latín, por todo el universo se encuentra un camino.

Se perdona al vino, pero se cuelga a la botella.

La taberna es la fosa del diablo.

Demasiado cara compra la miel quien tiene que lamerla de las espinas.

Quien sueña con olvidar, recuerda.

Demasiado afilado, no corta, y demasiado puntiagudo, no agujerea.

Canta quien tiene miedo.

Quien tiene miedo de las hojas, no encuentra nunca el bosque.

No hay ausente sin culpa, ni presente sin excusa.

No puede secarse el mar con esponjas, ni coger la luna con los dientes.

La virtud oculta se parece demasiado a la virtud muerta.

El indiscreto es como una carta abierta, que todo el mundo puede leerla.

Un verdadero gentilhombre respeta a una mujer incluso en su debilidad.

El «puede ser» permite a la gente no mentir.

Podrás darte aire, pero nunca podrás hacer lo mismo con la dignidad.

El desesperado se olvida del honor.

A veces se confunde la indolencia con la paciencia.

La gran privación engendra vileza.

Las querellas no duran largo tiempo, si el agravio está solo de un lado.

Un respeto excesivo siempre resulta sospechoso.

Venciendo por valor o por astucia, el triunfo será nuestra excusa.

El envidioso muere, pero no la envidia.

El verdadero medio de engañarse es creerse superior a los demás.

Quien engaña a los alfileres, engaña también a los escudos.

Engañar al engañador es un doble placer.

El medio más seguro de vencer a la tentación es sucumbir al pecado.

Corazón contento, gran talento.

Quien no sabe sufrir, no sabe vencer.

Cuando se hace rabiar al pueblo, éste acaba por morder.

«Yo quiero ver bailar al paralítico», dice el ciego.

Un puñado de manos no vale un puñado de pan.

Quien tiene nueces, las casca; y quien no tiene, se aguanta.

Las querellas de mendigos se acaban en la escudilla.

Grecia

El éxito siempre encuentra demasiados amigos.

La rueda que da vueltas no se enmohece.

Es mejor mal entender que mal decir.

A nadie desagrada su propio mal olor.

De la copa a los labios, no hay más que desgracias que pueden venir.

De la espina surge la rosa y de la rosa surge una nueva espina.

Si se dice que estás borracho, apóyate contra la pared.

Incluso ante los santos, se hace necesario a veces enseñar los dientes.

Quien se apresura demasiado, acaba por tropezar.

Como mortal que eres, no guardes dentro de ti ningún odio inmortal.

Quien está fuera del círculo de los bailarines es quien mejor sabe las canciones.

Ni al mejor anzuelo puede adherirse adecuadamente el queso demasiado blando.

No remuevas lo que está bien posado.

No remuevas el fuego con tu espada.

No seas la sabiduría de tus propias alabanzas.

Hasta la miel acaba por cansar.

Si la amas, no le concedas ningún préstamo.

¡Su espíritu corta un cabello en el aire y es capaz de poner pantalones a una mosca!

Quien tiene suerte, hasta el gallo le pone huevos.

Holanda

La suegra nunca recuerda cuando ella ha sido joven.

La desdicha tiene los oídos muy sensibles.

Un largo sufrimiento no absuelve nada.

Cuando la suerte lo desea, cualquier hombre es feliz.

Unos tienen la suerte y otros la miran.

La suerte es tan buena detrás como delante de nosotros.

Un asno no aprende nada de otro.

Cuando el vientre está lleno, la cabeza se siente alegre.

Se come pan blanco hasta que se acaba deseando el negro.

Un hombre no puede comer más que con una sola boca.

Con trabajo se saca el fuego de la piedra.

A falta de trabajo, el barbero se pone a rasurar la cabeza de su mujer.

Cualquier fardo ligero, con el tiempo, acaba por hacerse pesado.

Prometer es una deuda contraer.

Es en el último día cuando se reconoce al buen peregrino.

La buena tierra se siembra con tan solo la mitad de buen grano.

No se deben cantar dos misas a un sordo.

El abrigo debe ser llevado según la dirección del viento.

Con una cuerda usada, se hace preciso tirar con suavidad.

Atrapa una sonrisa, pero no mayes.

Más tarde siempre es demasiado tarde.

Cuando se gana un pleno, la prudencia aconseja terminar el juego.

Cada uno siente el frío según su vestimenta.

No todas las nubes llevan agua.

El clavo sufre tanto como el agujero.

Cuando la carreta se atasca, suscita más de una palabra.

Por grande que sea la iglesia, el sacerdote no canta nunca todo lo que él sabe.

Cuando un arco está demasiado tendido, se rompe.

Más vale cualquier cosa que nada.

Los pies del amo engrasan el suelo.

El que trae malas noticias llega siempre demasiado pronto.

Un «sí» y un «no» hacen una larga disputa.

Bajo una vela es más fácil remar.

Los hijos del herrero están acostumbrados a las chispas.

Todo resurge un día, hasta quien ha sido enterrado bajo la nieve.

La nada no quiere nada.

¡Para qué sirven las buenas cuentas si el otro no quiere pagar!

Las armas, las mujeres y los libros, se deben cada día usar.

Quien no puede andar, debe trotar.

Parecer desdichado es ya mendigar.

Más vale no comenzar nunca que no acabar jamás.

Muchos besan al niño por la niñera.

Lleva tu mano a tu conciencia y comprueba si no sale negra como si de resina la sacaras.

Hay mucha gente que busca las noches felices sin darse cuenta de que pierden los buenos días.

Las desgracias de hoy no llegarán a mañana.

Un traje elegante siempre es una buena carta de introducción.

Bastante es mejor que demasiado.

La locura tiene alas de águila, pero ojos de mochuelo.

Hungría

Hasta las lilas blancas hacen sombra.

Si tu espada es demasiado corta, adelántate un paso.

Quien vende pescado, se pone una insignia floreada.

India

Quien vista de harapos en un país donde todo el mundo va desnudo será tomado por loco.

Nuestros antepasados ofrecieron a Europa el espacio vital de una piel de cordero extendida, pero el europeo ha reproducido la piel y conquistado todo el espacio, diciendo: «Todo esto es mío».

Hablar es bueno, pero no demasiado.

En la soledad, ni es bueno reír ni llorar.

El sabio en ningún país es extranjero.

Por piezas de moneda hechas de arcilla, recibirás pasteles hechos de ceniza.

Las olas de la gracia son la fuente de todos los tesoros.

El vestido del pobre casi siempre es amplio por sus bordes.

Si maldices a alguien, prepara dos tumbas.

El corazón que se siente en paz, quiere una fiesta en toda ciudad.

La perla no tiene ningún valor mientras permanece en su concha.

La gacela no entra por sí misma en las fauces del león dormido.

Quien mucho cree, mucho se equivoca.

Allí donde una uña es suficiente, no te sirvas de un hacha.

La prudencia es a veces tortuga y serpiente cuando lo cree necesario.

El hombre ambicioso perece con lo que él desea.

En un pequeño vaso, no hay ni Oriente ni Occidente.

Aunque seas rey, ten en cuenta que no eres más que el hijo de tu madre.

La espada, el enemigo y la serpiente hacen menos mal que la desmesura del alma.

Cuando el pez aún no ha sido pescado, la mujer ya prepara los pimientos.

No tomes a un enano para medir la profundidad de un río.

Quien invita a un ciego, recibe dos huéspedes.

El cuervo es el paria de las aves y el asno, el de los cuadrúpedos.

El paria de los hombres es un penitente irascible, y el paria de los parias es el hombre que desprecia a sus semejantes.

Seis cosas son las que tienen casi siempre un mal fin: servir a un rey, hacer de ladrón, ser hábil caballero, acumular bienes, ser brujo, y encolerizarse.

Vive siempre en buen entendimiento con tu cocinero, con los poetas, los médicos y los magos, con quien gobierna tu país, con los ricos y con los obstinados también.

El sentido de un sueño, el efecto de las nubes de otoño, el pensamiento de las mujeres, y lo natural en los reyes, nadie lo sabe.

No es malo caer al suelo si, al hacerlo, tu mano encuentra un diamante.

El árbol acoge bajo su follaje al hombre que lo abatirá.

No te pongas jamás delante de un juez ni detrás de un caballo.

Quien aproxima su manteca al fuego, ve cómo se derrite.

El humo se eleva y la torre se abaja.

Donde se encuentra belleza, hay lágrimas, pero donde se encuentra dinero, se come.

Nadie puede ver su propia espalda.

Nadie puede ocultar la luna arrojándole tierra.

Ya sea que el cuchillo corta al melón, o el melón al cuchillo, es el melón el que sufre.

Si vives junto al río, hazte amigo de los cocodrilos.

Llorar ante un ciego es «dilapidar» los ojos.

Cuando el elefante y el caballo se ahogan, el asno pregunta si el río lleva mucha agua.

Para qué utilizar el veneno, si el hombre puede matarse con amabilidades.

Más valen las orejas adornadas con hojas de palmera que las orejas sin nada.

Aunque se trate del árbol que da la nuez vómica, se debe desear que sus hojas sean verdes.

Cuando yo me ahogo, para mí todo el mundo se ahoga.

Una lámpara proyecta una sombra sobre su pie; si colocas otra lámpara a su lado, las sombras de la una y de la otra se disiparán.

Con hombres del mismo espíritu, hasta el mar puede secarse.

Los juegos de los niños significan la muerte para los pájaros.

Cuando manoteamos en el barro, es que estamos dentro de él.

El peligro hace al piloto.

El antílope de la jungla parece cojo en la ciudad.

Aceita siempre tu rueda.

Aunque se lave con leche, el carbón no puede blanquearse.

El tamiz le dice al águila: «Tienes un agujero en la cola».

La mano del Brahman y la trompa del elefante no conocen el descanso.

Una cáscara de coco llena de agua es como un océano para una hormiga.

Quien es demasiado sabio, no es más que un loco muy sabio.

No vayas a la caza del ciervo, y regreses convertido en tigre.

El arroz en la cuchara no ha llegado todavía a la boca.

Una sola gota de índigo es suficiente para hacer cambiar el color a un vaso de leche.

Si los elefantes pelean, el mulo muere entre sus patas.

Cree con una oreja y desconfía con la otra.

Si das de comer a los hombres, mira su corazón; y si lo haces con las bestias, mira sus dientes.

Que la tierra no sea como el buey sin amo.

No hagas la vida tan difícil como buscar un cordero en un bosque que se encuentra a tus espaldas.

Cuando llega el crepúsculo, las luciérnagas piensan: «Hemos iluminado durante todo el día al mundo».

Con promesas no se coge la luna con la mano.

¿Quién me ha arruinado? Mi boca.

Una miga de pan en casa vale más que toda una hogaza fuera de ella.

La boca come la comida, pero son los ojos los que sienten la vergüenza.

Si comes polvo, cómelo en secreto.

Una conciencia culpable es como un enemigo vivo.

Si quieres adquirir conocimientos, hazte el ignorante.

El día del juicio final, la pluma del sabio pesará más que la espada del soldado.

Las plantas del conocimiento deben ser regadas con lágrimas.

La lluvia de las lágrimas es necesaria para la cosecha del conocimiento.

La suerte y la mala suerte son dos cubos dentro de un mismo pozo.

Aunque el desventurado consiga un buen vaso de leche, el gato se la beberá.

La alegría y la tristeza son como un hermano y una hermana.

Un corazón alegre es como un filtro que filtra oro.

La tristeza resentida porque es consciente de su ignorancia, es como la alegría del cielo.

Si la desgracia te persigue, tu bastón se convertirá en serpiente para picarte.

Inglaterra

La tristeza mata al gato.

El huésped no invitado, que traiga su comida.

El cielo envía la comida, pero el diablo envía los cocineros.

Muchos hablan de Robín, pero pocos saben manejar el arco.

El sauce que es bueno para el pato, lo es también para la oca.

David no mató a Goliat con palabras.

El diplomático puede olvidar su edad, pero se ve obligado a recordar el aniversario de cualquier dama de sociedad.

Los locos construyen las casas y los cuerdos las compran.

Cuando veas la casa de tu vecino arder, preocúpate por la tuya.

Por mucho que se ponga al loco bajo un mortero, no llega a cuerdo.

¿Quién es capaz de matar una mosca con un cañón?

El hombre inteligente prefiere una paz injusta a una guerra justa.

Según como piensa el loco, suena la campana.

La llave que se emplea frecuentemente brilla.

Quienes viven al borde del vaso, no deberán echar piedras dentro.

Una mala excusa es mejor que ninguna.

Es un pobre cocinero quien no sabe chupar sus propios dedos.

Toda sangre es vieja.

El diamante talla al diamante.

Quien no arriesga nada, nada obtiene, y quien lo arriesga todo, todo lo pierde.

Quien no puede morder, no tiene por qué enseñar los dientes.

De la mano a la boca, se pierde frecuentemente la sopa.

Los listos organizan el festín y los listos lo disfrutan.

La pimienta es negra, pero tiene buen gusto; la nieve es blanca, pero todo el mundo la deja en el suelo.

Sigue la moda o deja el mundo.

Cada flujo tiene su reflujo.

Si hospedas en tu casa al tonto, escribirá su nombre sobre tus muros.

No hay loco que lo sea siempre, ni nadie que no lo sea alguna vez.

La conciencia culpable no necesita fiscal acusador.

Los grandes vientos sólo se encuentran en las alturas.

La miel es dulce, pero la abeja pica.

Quien ríe antes que nadie de sus propias palabras, dispensa a los demás de reír.

Quien pone demasiados hierros al fuego, siempre se olvida de uno o de dos.

«Nunca» es demasiado decir.

El necio pregunta más cosas en una hora de las que el sabio resuelve en un año.

No seamos más bestias que el lobo que nos puede comer.

Mujer, riqueza y vino tienen su lado bueno, pero también su veneno.

No se llega al cielo sobre un lecho de plumas.

Irán

La única felicidad consiste en esperar la felicidad.

No desesperes en medio de las más sombrías aflicciones de tu vida, y piensa que hasta las nubes más negras dejan caer un agua blanca y límpida.

En vísperas del séptimo alumbramiento, no pretendas ser virgen todavía.

Un hombre puede pasar por sabio, si busca la sabiduría, pero si llega a creer que la ha encontrado, se convierte en un idiota.

Los grandes deseos nacen de los grandes bienes.

Cada hoja de un árbol es, a los ojos del sabio, la hoja de un libro que ayuda a comprender la naturaleza de la creación.

En el mar hay infinitas riquezas, pero si buscas la seguridad, la encontrarás en la orilla.

Quien dice «yo» es el diablo.

Vacilar y temer es perder.

El verdadero sabio es aquel que extrae sus conocimientos de todo el mundo.

El vidriero bebe en un vaso agrietado.

No es necesario comer la sal para romper el salero.

En la mansión de la hormiga, el relente es una tempestad.

El canto del tambor no resulta agradable más que de lejos.

El camello no bebe con cuchara.

Cuando el agua corra hacia arriba, la rana escribirá poemas.

Mientras las raíces permanecen en el agua, pueden esperarse los frutos.

Una mano amable conducirá a un elefante hasta con un cabello.

Si deseas que se te quiera, queda ciego o muere.

Mira a quien está sobre ti como a tu padre, y a quien está debajo como a tu hijo.

El sol sale tanto para la brizna de hierba como para el cedro.

El cuerpo, a veces, sana a fuerza de enfermedades.

El río ancho no hace ruido.

No tires piedras más que a los árboles frutales.

Israel

Bebamos por un día en una copa preciosa, que mañana se puede romper.

La alegría es el universo de la libertad.

Si vendes candelas y tienes mala suerte, ¡el sol no se pondrá!

Tanto si la suerte te sonríe como si no, no te apresures sin ton ni son.

Más vale un gramo de suerte que un kilo de ducados.

Entre los que escuchan a los sabios, hay cuatro especies: la esponja, el embudo, el filtro y la criba. La esponja se apodera de todo; el embudo deja escapar por un agujero lo que recibe por el otro; el filtro deja escapar la esencia para no guardar más que los posos; y la criba esparce la paja para no guardar más que el trigo.

Quien aprende y olvida es como la mujer que concibe y aborta.

Hay quien aprende para sí y no comunica nada a los demás; y quien enseña a los demás pero no aprende nada para sí; otros aprenden para sí mismos y para los otros; y los más, ni aprenden para sí mismos ni para los demás.

Quien sabe que no sabe, sabe mucho.

Quien dice «yo no sé», ha pronunciado ya las primeras palabras de la sabiduría.

Aprende en tu idioma a decir: «No sé».

Es a fuerza del deber como el hombre aprende su saber.

Excúsate a sesenta consejeros, aconsejándote tú mismo.

La comida en la mesa acaba por poner fin a las disputas.

Más vale comer en paz pescado podrido que el plato lujoso de un prisionero.

¡Oye toser a las pulgas y estornudar a las chinches!

Deja al vecino entrar, y él te sacará.

No vendas el sol para comprar una bombilla.

Lo que vale la pena ser hecho, merece que sea bien hecho.

El hambre puede durar siete años, pero no entra en la casa del artesano.

Al sabio con un mono le basta.

Obra con dignidad y trabaja, y a príncipes no conozcas.

Piensa en el vestíbulo, pero mantente dispuesto para entrar en la sala.

El cántaro no sabe más de lo que su interior contiene.

Cuatro cualidades caracterizan al sabio: escuchar y reflexionar; no plantear preguntas sin respuesta; responder ordenadamente; decir «yo no sé» cuando algo ignora, que es todo lo contrario de lo que hace el necio.

Cuando un bribón te abraza, cuenta antes tus dientes.

Si un hombre no busca la sabiduría, ella no llegará hasta él.

Toda madera arde silenciosamente, menos las espinas, que se inflaman, y crepitando gritan: «¡Nosotras también somos de madera!»

Ama a quien te diga tus defectos en privado.

Hasta el más cuerdo de los hombres comete alguna vez una locura.

Quien no tiene dinero en su bolsa, tiene deseos en su lengua.

No me des ni tu miel ni tu aguijón.

El fuego moldea al hierro.

Sabemos lo que no somos, pero no lo que podemos ser.

El mayor poder es aquel que permite transformar los enemigos en amigos.

Todo hombre puede ser más sabio después de ocurrido un acontecimiento, pero quien es verdaderamente sabio es aquel que sea capaz de preverlo.

Si inclinas demasiado la espalda, pronto podrás comprobar cómo la gente te pisotea la cabeza.

Si no se cede en cualquier ocasión un poco, el mundo no podría existir.

La brevedad es la esencia del saber.

A quien te haga un favor, respétale, pero sospecha de él.

Quien se excede en saber, se excede en sus obras, y por lo tanto no demuestra su inteligencia.

No mires a tu lado, no mires al lado de los demás, ni pienses en ti mismo más que cuando algo te preocupe.

No pongas nunca anillo de oro en nariz de puerco.

La crítica debería ser como la piedra de afilar, que aguza sin cortar.

La gloria de la sabiduría es la humildad.

¿Quién es un hombre sabio? El que aprende de todos los hombres.

¿Quién es un hombre sabio? El que es capaz de prever las consecuencias de sus actos.

Nada de sí mismo resulta más visible para el hombre que los pensamientos de su corazón.

Un hombre tiene tres nombres: el que le ponen sus padres, el que le pone la gente, y el que se pone él a sí mismo.

Acoge a todo hombre con amenidad y alegría.

Las alturas abrevian la vida.

Si deseas subir al cielo, desciende a la cueva de la tierra.

Reprende al sabio y él te apreciará más.

Cuando reímos, todo el mundo nos mira, pero cuando lloramos, nadie nos ve.

Cuando arde la barba, la boca siente el calor.

El mejor preciador es el corazón; el mejor maestro, el tiempo; el mejor libro, el mundo, y el mejor amigo, Dios.

Quien no tenga cerebro que tenga al menos piernas.

El que se calla primero en una querella es el más digno de elogio.

Un solo ojo es más digno de ser creído que dos orejas.

No exclames «¡hop!» antes de haber saltado.

Si los ojos no ven, las manos no cogen.

Cada gusano tiene su agujero.

En la ciudad el nombre y fuera de ella el traje.

Un bastón en la mano es a veces más útil que la lengua en la boca.

Echa un bastón al aire y caerá sobre uno de sus extremos.

El puchero, cuando pertenece a muchos, ni caliente ni frío.

Delante de los bebedores de vino, mide vino, y delante de los agricultores, hazlo con las raíces.

Una puerta abierta puede tentar a un santo.

Cuando el necio llega al mercado, los comerciantes se alegran.

De lo sublime a lo ridículo, no hay más que un paso.

Los toneles vacíos son los que hacen más ruido.

Si la falta es grave, la excusa lo es más aún.

Italia

Cuanto más se sabe, menos se asegura.

Quien desea obtener la gloria, debe despreciarla.

Quien lleva cola de paja, siempre teme que le prendan fuego.

No seas como el ancla que permanece siempre en el fondo del mar, sin aprender nunca a nadar.

¡Miente más que un epitafio!

Hay quien va por lana y vuelve trasquilado.

Boca de rosas, corazón podrido.

¡Es capaz de vender hasta su parte de sol!

Rápido y bien no siempre van juntos.

El primer paso hacia la locura consiste en creerse sabio, el segundo en proclamarlo, y el tercero en despreciar los consejos.

Si abres tu puerta a un día feliz, prepárate para tener un día funesto.

A la iglesia con los santos, y a la mesa con los vivos.

A veces, bajo un mal follaje, se encuentra un buen fruto.

El príncipe iletrado es un asno coronado.

Quien es asno y se cree ciervo, se apercibe de ello demasiado tarde.

Quien por voluntad se excusa, la realidad le acusa.

Quien edifica fuera de sus tierras, pierde su argamasa y sus piedras.

Quien no viene a menudo, siempre es bienvenido.

El árbol inclinado sirve de provisión a todo el mundo.

Duro contra duro no hace buen muro.

Buscar excusas a una idiotez es cometer otra.

Hasta el perro obtiene pan moviendo la cola.

No hay pera que caiga en boca dormida.

Un loco echa una piedra en un pozo y después necesita cien sabios para recuperarla.

En los países ricos empobrece el corazón.

El sabio, escuchando, se hace más sabio.

Ríe con los muchachos y no te pegues a los santos.

El que no tiene mujer, la castiga bien, y el que no tiene niños, los educa mejor.

Cada cual cree que su cruz es la más pesada.

Algunos desprecian el asado para aspirar su olor.

Hasta con los Evangelios se puede ser un hereje.

La fortaleza que parlamenta, a rendirse está dispuesta.

No se escapa de la sartén más que para caer en la brasa.

El pastor que alaba al lobo no aprecia a sus corderos.

Más vale caer de la ventana que del techo.

Más vale dar la lana que el cordero.

El cofre demasiado lleno acaba por hacer saltar la cerradura.

Por los pájaros no se debe renunciar a sembrar.

Cabeza sabia, lengua corta.

Quien no sabe decir «no», no es un hombre.

Elogia el mar, pero desde tierra.

No llegues a los límites de tu poder, ni al término de tu saber.

Serlo todo es el mejor modo de no ser nada.

La lluvia pequeña calma al gran viento.

La rueda más ruidosa no es la más rápida.

Una vez el peligro pasado, el santo es olvidado.

No seas tan complaciente, que te burles de ti mismo.

Quien es débil, encuentra siempre su tirano.

El hombre sorprendido está ya medio cogido.

La pitonisa echa la buenaventura a los demás, pero no sabe nada de sí misma.

Con los equipajes nacen las inquietudes.

Las lágrimas de la parroquia son un elogio para el párroco.

Todos los demasiados acaban por explotar.

Cuando dos negros se pelean, se llaman: «¡Sucio negro!»

Quien no puede, está siempre lleno de buena voluntad.

Quien su destino es la horca, en las aguas de un río puede bailar la polca.

Más de uno muestra su bravura, cuando el enemigo emprende la huida.

Si el ojo no admira, el corazón no desea.

La sombra de un gentilhombre es una capa para el loco.

Quien come peras con su amo, no deberá elegir las mejores.

No es el más loco quien hace una locura, sino quien no sabe ocultarla.

En la horca, todos los criminales se convierten en predicadores.

Los segundos pensamientos son los mejores.

Desde lo alto de la ventana siempre es más fácil espantar al toro.

Japón

Quien habla de su prójimo, hace reír al diablo.

Si esperas la felicidad, acuéstate.

Mañana soplará el viento de mañana.

Los gusanos silenciosos son los que hacen los grandes agujeros en la madera.

Demasiado es peor que poco.

Si tienes prisa, da una vuelta.

El agua toma siempre la forma del vaso.

Es imposible mantenerse de pie en este mundo sin bajarse.

Por la lengua comienza la blasfemia.

Quien insulta a un hombre, prepara dos tumbas.

Un encuentro no es más que el comienzo de una separación.

Si no discutes nunca, nadie se peleará contigo.

Si ves fuego, piensa en un incendio; si ves a un hombre, piensa en un ladrón.

El arco demasiado tendido cede un día u otro.

Cuando te salves de un peligro a cincuenta pasos, no te alegres de ello hasta que no te encuentres a cien.

El agua a distancia no extingue el incendio.

Todos los colores juntos no valen lo que un ciego.

El coraje y la jactancia no caben en una misma espada.

Cuando se ha perdido la barca en medio de la corriente, una calabaza vale mil piezas de oro.

¡Qué placer hacer de una marmita una bañera!

Cuando la cabeza está bien guardada, el trasero no siempre lo está.

Cuando la piel del vientre se tensa, la de los ojos se relaja.

El sabio tiene un pensamiento falso entre mil, mientras que el estúpido tan sólo de vez en cuando es capaz de pensar bien.

Oculta las penas en las sonrisas.

No se vacía el mar con una concha.

Empleando todas sus fuerzas, hasta el ratón podría devorar al gato.

Adular a las gentes es el mejor modo de convencerlas.

Quien está desnudo, no deja caer nada.

Hay cuervos cuyo mayor deseo es imitar las costumbres del carmorán.

¡Los testículos dependen de la manera como se los lleva!

Mira sus pies, pero escucha sus gritos.

No vale la pena intentar morderse el ombligo.

No sigas nunca las huellas de la desgracia, pues podría volver sobre sus pasos y hacer que te toparas con ella.

Madagascar

Un ciego frente a un espejo constituyen una doble imperfección: el uno ve pero no habla, y el otro habla pero no ve.

El ciego, calentándose a pleno sol, es como un punto negro en medio del día.

No ser rasurado más que hasta la mitad es convertirse en un calvo barbudo.

Nada da más que pensar que un calvo frente a un par de tijeras.

El legañoso en visita de condolencia no hace más que abrir la boca, y sus ojos ya lloran.

La carne en el interior de un hueso, hace falta roerla para sacarla.

Como en el tinte, quien se zambulle dos veces, obtiene un color más sólido.

No te limites a mirar cómo trabajan los demás.

No seas nunca tan estático como las piedras.

No acabes con rafia el trabajo que has comenzado con seda.

No pregones tus propias virtudes al igual que el arroz hierve en la marmita.

No exageres tu modestia como el leproso se apiada de sí mismo frente al espejo.

No imites a las plumas del gallo, que cuando le tocas la parte menos noble, ellas pretenden ser admiradas.

El orgullo es como la cola de los perros: cada uno la lleva tan alta como puede.

Las reflexiones que puedan hacerse sobre las desgracias las atenúan bien débilmente.

Es inútil saber contar hasta diez para uno mismo, si no se conoce la unidad para los demás.

No explotes las lágrimas de los demás, si no quieres parecerte a las moscas posadas en ojos legañosos.

En los días de adversidad, hasta la leche sabe amarga.

Vale más fiarse solamente la mitad que por completo.

Para levantar la cabeza puede que te sientas demasiado pobre, y para bajarla, demasiado orgulloso.

Las penas son como el arroz en el granero: cada día disminuyen un poco.

Cuando un malgache vende un fusil a un europeo, no hace falta que diga cómo lo ha adquirido.

Cuando los blancos hacen la guerra, en fuego se convierte la tierra.

Más vale un descontento que se recuerda, que una resignación que se olvida.

El mudo canta su alegría en el silencio de su corazón.

Para unos la desgracia es no haber dicho lo que han visto, y para otros no haber creído lo que han oído.

Hay hombres que no son fuertes más que en su casa: cuando golpean a su mujer.

Cuece las habladurías y refríe las falsas pretensiones.

Por el dintel de una puerta baja, los orgullosos no pasan.

Más vale elevarse hasta un centavo que bajarse hasta una piastra.

Cuando no hay carne, la cuchilla muerde en la tabla de cortar.

Se guarda el rostro hasta la muerte.

El crimen que se arrepiente se convierte en justicia, pero la justicia que se alaba se convierte en el peor de los crímenes.

El cobarde desea las tinieblas, pero las tinieblas hacen de él un ciego.

Las desdichas no nos preceden como hacen las ovejas, sino que nos siguen como hacen los perros.

No golpees con el pie la piragua con la que has pasado el río.

El platanar sin sus frutos está cargado de dulzores, pero los guarda para sí mismo.

No nades sobre la superficie como la grasa; penetra al fondo como la médula.

Haz como las espigas recién nacidas del arroz, que inseguras aún para tenerse en pie, se inclinan para pedir consejo.

El cuerpo es el taparrabos del alma: es el servidor que encadena al amo.

Aunque el oro se vea envuelto por el polvo, no deja de brillar.

La flor oculta entre la hierba: cuando se la pisa es cuando por su olor notamos su presencia.

El mal cometido es una desdicha en suspenso, y el bien efectuado, un tesoro oculto.

La mentira es como la arena: parece blanda cuando se esparce, y dura cuando se levanta.

Si la frente está desprovista de cabellos, es para que pueda ruborizarse.

Si el grande obedece, es que él se respeta; pero si lo hace el pequeño, es que tiene miedo.

No es necesario ser tan duro consigo mismo como los comerciantes de miel, que se contentan con chuparse los dedos.

El vientre es un insensato, puesto que desea siempre lo que es más pesado.

Ningún disgusto merece el recuerdo.

No te parezcas a los cabellos rizados, que se mezclan por sus extremidades.

El carácter es como un taparrabos: bueno o malo, sirve a su poseedor.

La madera verde no es herida por el rayo.

Un noble que hace acto de sumisión ante otro noble, no pierde su nobleza.

Así como la sal no entra en un cacahuete aún entero, los buenos consejos tampoco entran en la cabeza de un obstinado.

El trabajo en común es como el firmamento: cada cual soporta su parte sobre su cabeza.

Una vida sin línea de conducta es como la piragua abandonada a la corriente.

Es perfectamente inútil querer retener el agua entre los dedos.

Hay muchos que en sueños multiplican por ciento lo que de verdad tienen.

Si los cabellos son blancos, es a la cabeza a la que se le censura.

La mano que acaricia es a veces también la que mata, lo mismo que la boca que alaba puede ser la que censura.

Los oídos son como habitaciones en las que nada se pierde.

La leche que se presta no es nunca cremosa.

Si te crees sagrado, está bien, pero a condición de que lo creas tan sólo en tu mansión.

En un coro puede haber muchas voces bonitas, pero tan sólo es una la que sostiene a las demás.

¡A tal viático, tal destino!

El derecho es como el fuego: cuando se le quiere sofocar, arde.

La defensa de los débiles es su honestidad.

Los justos son como la hierba entre los juncos: no perecen, pero en la soledad languidecen.

Construye bien una pared y podrás apoyarte; coloca bien una piedra y podrás sentarte.

Se pueden cometer faltas hasta comiendo.

No es el hacha a quien hay que culpar cuando el pollo al que se quiere matar se pone a gritar.

Reflexiona ampliamente y serás justo largamente.

Si te burlas de tu vecino, puede que no se aperciba, pero si se lo dices, se enfadará.

Hay quien es como el sol de primavera, que siempre se siente contento de todo y de todos.

Los pequeños manotazos no hieren la mano.

La tripa llena no conoce a nadie.

Si el padre cae en el barro, es el hijo quien se embadurna.

Los descensos para el valle y para la montaña los ascensos.

Un huevo no se mide con una piedra.

No ofrezcas nunca una piedra que te pueda ser arrojada
más tarde.

No te habitúes tanto a comer caña de azúcar que llegues a
desenterrar las raíces.

El hombre satisfecho no tiene penas.

«El agua miente», se lamenta el leproso, viendo en ella reflejada su
figura.

El vientre es como un tambor, que resuena cuando está tenso.

El hierro no resuena por sí solo.

Los caimanes nacen en el río, y el río en la fuente.

Siempre que puedas, cambia lo cocido por lo crudo.

El dolor es un tesoro precioso, que sólo se descubre en aquellos a
los que se ama.

Ligero, pero insoportable, como el hambre.

Las lágrimas son como las nubes, que cuando se hacen grandes
caen.

La cuba es un personaje, pero se descubre cuando llega el
cubilete.

Los instintos son imposibles de entender por sí solos.

Quien indica un camino derecho, comunica la vida.

No es necesario que la izquierda pretenda ser la derecha.

Un hombre propenso a ello no envejece jamás, cualquiera que sea su edad.

Lo dulce se encuentra en lo amargo.

Es fácil llevar una caña, pero difícil conllevarse a sí mismo.

Quien jura fácilmente, es que alguna falsa moneda posee.

El remedio de los fuertes consiste en pedir gracia, y el de los débiles, en implorar perdón.

La vergüenza transfigura el rostro.

Según como se trata al gato salvaje, se dedica al pillaje.

No hables mal de nada por lo que no hayas pasado aún.

Procura siempre estar alegre y triste a un mismo tiempo, como quien espera heredar de un ser querido.

Si la cosecha de arroz no es buena, ya puedes enterrar tu cuchara.

No toques el cántaro, si no quieres correr el riesgo de que pueda romperse.

No seas como el junco, todo derecho, pero que no tiene más que un bonito penacho.

Más vale no ser demasiado ruin que tener demasiado espíritu y sufrir.

Quien tiene los dientes demasiado largos, sonríe para no tener que reír.

Nadando contra ella, se aumenta la violencia de la corriente.

Cuando se ha puesto un pie en la piragua, más vale que el otro la siga, porque volverse atrás es imposible.

En cuanto un puchero de miel es despojado de su tapadera, las moscas en enjambre se precipitan sobre ella.

Afrontar la crítica y despreciar la blasfemia es como los bailarines que exhiben sus axilas demasiado pilosas.

Remitirse al azar es querer al comerciante sin balanza imitar.

La carga de una hormiga es un grano de arroz.

Malasia

Quien no ha gustado lo que es amargo, no puede apreciar lo dulce.

Mala hierba nunca muere.

Imposible es abajarse para quien no tiene pies.

Detrás de la alegría, llega la tristeza.

La proporción de las cosas place a la vista.

La madera empapada de agua no arde en el fuego.

Abandonar el tizón es correr detrás del humo.

Con una gota de índigo se estropea todo un vaso de leche.

Los elefantes se pelean, y la cabra en medio de ellos es aplastada.

Si el cielo estuviera a punto de caer sobre la tierra, ¿podrías acaso sostenerlo con el índice?

El placer pronto, y la pena después.

Si oyes hablar mal de alguien, pregunta a sus enemigos.

Podrán contarse las estrellas que hay en el cielo, pero se duda del sudor de nuestra propia frente.

Cuando se levanta un tronco de árbol caído, aparecen los gusanos que se han refugiado debajo.

Los reyes con los reyes, y los dioses con los dioses.

Cuando no se sabe danzar, se dice que el suelo está blando.

El destino de la cáscara es flotar y el de la piedra naufragar.

¿Diez estrellas pueden igualar acaso a la luna?

Al búfalo se le prende por la cuerda y al hombre por la boca.

Aunque el cuervo se bañe en agua de rosas, su plumaje no dejará de ser negro.

Cuando las olas se deslizan por la arena de la orilla, ¿podrías acaso separarlas?

Un círculo no está formado por una sola curva.

Cuando amanece, el gato salta, el hombre se despierta, y el gallo canta.

No hay rey sin muchos hombres, ni hombres sin el dinero suficiente.

La espiga de arroz, cuanto más plena más se inclina.

Una deuda de dinero puede ser pagada, pero una deuda de amor no se salda más que con la muerte.

El arroz, más vale tenerlo en casa que en el granero.

La sabiduría ponderada es una esposa fiel, y la irreflexiva una prostituta.

Basta con un langostino para teñir toda la sal.

La piastra usada y el ignorante hacen siempre demasiado ruido.

Si estás encolerizado, domínate; y si eres pobre, ayúdate.

Cuando el ciervo aún corre por el bosque, se pone ya el puchero al fuego.

¡No seas como un junco demasiado cargado, que no va ni al este ni al oeste!

La semilla sembrada en el agua no fructifica.

Si todos los chinos mearan a un tiempo, podrían ahogar a los ingleses.

Si das de comer a los hombres, observa su corazón; y si das de comer a las bestias, observa sus dientes.

La suerte se aleja de quien demasiado aspira.

Manchuria

La felicidad y la desgracia no tienen puerta.

Al hombre que nace para vivir cien años, poco pueden importarle las desgracias de mil.

Quien aprende las cosas viejas al aprender las nuevas, puede convertirse en un maestro.

A quien le gusta aprender, se aproxima al sabio; y quien conoce la vergüenza, se acerca al bravo.

La sabiduría gobierna a los hombres por medio de los hombres.

No se puede juzgar a un hombre por la apariencia, como no se puede medir el agua del mar con un celemín.

No te atormentes con tu pasado, y prepárate para tu porvenir.

La sabiduría se interroga a sí misma, mientras que la vulgaridad interroga a los demás.

Ser príncipe es difícil, pero ser ministro no es más fácil.

El hombre malo será convertido en asno, para que encima de él monte el hombre honesto.

Ni los pensamientos ni los deseos del hombre tienen forma ni color.

Cuando el corazón del hombre es como el hierro, la ley del juez se ve obligada a ser yunque.

El hombre no ve la desgracia donde ve el provecho, como el pez no ve el anzuelo donde ve el cebo.

No te equivoques hablando, ni te empaches comiendo.

Los sabios se encuentran bien sobre las aguas, y los virtuosos en las montañas.

Los sabios encuentran la virtud en su pensamiento.

No te comprometas con quien no te comprende.

El hombre que no habla se siente en paz, como el agua tranquila que no corre.

Marruecos

Respeta a tu único pariente que ha sobrevivido al mundo: la tierra.

Un ladrillo en la pared vale más que una perla en el collar.

Un solo golpe de azada vale más que diez de hacha.

Trátame como un hermano, pero haz las cuentas conmigo como con tu enemigo.

Las tiendas pueden ser iguales, pero las suertes de los comerciantes no lo son.

Cada cual siente el frío según el grado de su desnudez.

«Padre, haznos pasar por nobles», dice el hijo. «Espera, hijo mío, a que los que nos conocen, se mueran», contesta el padre.

Cuando veas que dos personas se frecuentan, saca en consecuencia que una es la víctima de la otra.

Si tu amo dice «que es lobo», tú responde que «es bien grande».

Si la gente adora al Becerro de Oro, ve a buscarle la hierba.

Hazme caíd y yo te haré pachá.

Quien no me presta su molino, economiza mi trigo.

A quien te dé vinagre, dale ajo.

¿Quieres ascender al cielo? Está demasiado alto. ¿Quieres descender a la tierra? Ya estás en ella.

No seas tan bocazas que llegues a comer con tu vientre.

Error por error, cásate con tu tía.

Quien sueña con sus ojos, puede quedarse ciego.

Cuando oigas hablar del baño, no comiences a desnudarte en la calle.

No seas como la pompa de jabón a punto de entrar en contacto con una aguja.

¡Cuántos turbantes hay puestos sobre cabezas de asnos!

Quien reserva su desayuno para comer, recibe la bendición del cielo.

Cásate con tu conciencia: si ella te masca, ella te comerá.

México

El orgullo y la pobreza están hechos de una misma pieza.

Mongolia

Si no tallas el jaspe, no podrás hacer de él un vaso.

Si te aproximas demasiado al fuego, te quemarás; y si te alejas, no te calentarás.

Aunque quemes una piedra, nunca llegarás a fundirla.

Con la verdad se puede gobernar un Estado.

No pienses en iluminar las vastas tinieblas con una luciérnaga.

Si empleas la astucia, tendrás la fuerza de un león para poder escapar con la cuerda al cuello.

No hagas a los superiores lo que desagrada a tus inferiores.

Dos cabezas de buey no caben en una sola marmita.

El azúcar es dulce de lado a lado, por todas sus partes.

La distancia que media entre el cielo y la tierra no es más que la del pensamiento.

No vayas a cazar sin flechas en tu arco, a rezar sin libro, ni a casarte sin suerte.

La madera que prende rápido no arde durante mucho tiempo.

Si el loco pudiera callarse, se le creería sabio.

Un imbécil puede preguntar más que diez sabios responder.

Si al construir se escuchara el consejo de todo el mundo, el techo nunca se llegaría a poner.

Cuando dos se querellan, nunca ocurre que uno solo de ellos sea el censurado.

Para blanquearse no es necesario enhollinar al vecino.

Para construir alto, se hace necesario cavar profundo.

El agua sucia puede también apagar un incendio.

Quien mantiene su mano muy cerrada, no recibe nada.

Nadie se arruina más que quien no se ayuda a sí mismo.

Se debe esperar lo mejor y prepararse para lo peor.

Aunque hayas de morir mañana, no renuncies a aprender hoy.

Para verse a sí mismo, se hace preciso un espejo.

¿En qué lugar es feliz quien no se ocupa más que de sí mismo?

Noruega

Cuanto menos se sabe, menos se olvida.

«Atención a tus pies», dice el monje, y danzaba con su jumento.

Persia

El conejo que tanto masca, puede también morir de indigestión.

La creencia tiene más peso que la incredulidad.

Para incendiar un bosque se necesita la ayuda del viento.

Polonia

Ámate a ti mismo y deja a la gente que te odie.

Quien grita durante su vida, muere sonriendo.

«Amaos los unos a los otros», dijo Cristo, pero sin establecer preferencias.

Cada cual tiene sus manos alrededor de sí mismo.

Es solamente lo que bebo lo que me pertenece.

Siempre llega un día en que la hoz siega a la ortiga.

Las estrellas brillan porque las ilumina la luna.

Portugal

La desgracia de otro no quita mi pena.

Si mi suegra muere, necesitaré a alguien para desollarla.

La espada o la sortija, según la mano que las lleva.

Se reconoce que una buena cosa es buena cuando se pierde.

El agua llega de lejos hasta el molino.

Cada cual es sabio por su propia cuenta.

Todo el vino desea ser de Oporto.

El puchero que hierve demasiado, deja escapar su sabor.

El amo manda al criado, el criado manda al gato, y el gato a su cola.

Es el exceso de cera lo que quema la iglesia.

Abre tu bolsa y yo abriré mi boca.

Lo que es pesado de llevar resulta más tarde fácil de olvidar.

Allí donde el río es más profundo, el agua hace menos ruido.

No hay nada para lo que la nada no sea suficiente.

Una pequeña hacha abate al gran árbol.

Mi pecho bien cerrado y mi espíritu está salvado.

O sufrir largo, o morir joven.

No hay día sin su noche.

Cada mosca hace su sombra.

Una muchacha, una viña, un pastor y un judiar son todas ellas cosas difíciles de guardar.

El techo del infierno está hecho de ocasiones perdidas.

Rumanía

Más vale estar a las pérdidas con un sabio que a las ganancias con un necio.

El alba no dura toda la jornada.

Cuando viajes por el país de los ciegos, cierra por lo menos un ojo.

Las palabras son mujeres y las acciones hombres.

La lengua no tiene hueso, y es el pensamiento quien la hace doblarse.

Los ojos son mucho más fieles que los oídos.

Al que escupe al cielo, le cae a la barba.

El caballo muere, queda la silla; el hombre muere, queda su nombre.

Más próximos están los dientes que los parientes.

Ni siquiera el sol puede calentar al mundo entero.

Quien llora por todo el mundo, se queda ciego.

No mires lo que has sido, sino lo que eres.

Por una pulga no eches el cobertor al fuego.

Es más fácil tener una calabaza en mano que una abeja.

Doce oficios, trece miserias.

El invierno te preguntará lo que has hecho durante el verano.

Quien se calienta al sol, no encontrará cura con la luna.

No se sostiene al mundo con una sola espalda.

La vieja herida sana fácilmente.

La lámpara no alumbra para el que duerme.

De la misma madera pueden hacerse una cruz y un garrote.

El hombre debe ser tan sólo un poco más bello que el diablo.

Al viejo y al loco, dales heno y átalos al estaco.

El vientre lo recibe todo: lo mucho y lo poco.

El comilón es del país donde los árboles no tienen corteza.

Rusia

Comas o no comas, se te contará como una comida.

Todos miramos el mismo sol, pero no todos comemos la misma comida.

Por amor a la tortilla se lame la sartén.

El pueblo es como la vaca que trae cada viajero.

¡En Rusia el día tiene treinta horas!

El ruso, tanto en la alegría como el dolor, bebe.

No veas a un cuervo y mates a una vaca.

Mientras te estás ahogando no ofrezcas un hacha y, después de salvado, des sólo el mango.

Si Jesucristo viene en mi ayuda, poco me importan los ángeles.

Entre nueve nodrizas, el bebé muere de hambre.

Si la luna viene en mi ayuda, poco me importan las estrellas

El condenado, en el momento de ser decapitado, no piensa en sus cabellos.

Tú conmigo, yo contigo, y los dos con Dios.

Las amenazas no alejan las heridas del sable.

Cuando el agua baja, las hormigas se comen los peces, y cuando el agua sube, los peces se comen a las hormigas.

Para juzgar a un elefante, mira su cola; y para juzgar a una muchacha, mira a su madre.

Más vale ser cojo, que estar siempre sentado.

Bebe agua del río por el que navegas.

Todo es amargo para quien tiene de miel la boca.

Todo el que cae en el agua no es una náyade.

Viaja a países lejanos, pero vuelve siempre a tu casa.

Viniendo de nuestro país natal, hasta el cuervo resulta bello y leal.

Cada cual sabe su nombre, pero nadie recuerda fácilmente su rostro.

Las manos trabajan, pero las alimenta la cabeza.

Buen político, mal cristiano.

Donde va la aguja, el hilo la sigue.

La barba no garantiza la sabiduría.

Después de la batalla, todo el mundo es valiente.

No censures lo que debes elogiar.

El verano recoge y el invierno come.

Quien se alegra de venir a la fiesta, estará beodo antes de que llegue el nuevo día.

Sigue el hilo, y encontrarás el ovillo.

Tirar sobre una piedra es perder las flechas.

Mide diez veces, pero no cortes más que una.

No juegues con lo que causa la muerte.

Enseñar a un cretino es como querer curar a un muerto.

El vino se puede encubar, pero la idiotez jamás.

El ojo puede ver una cosa, y el diente no tenerla.

Un buen acuerdo vale más que el dinero.

Siete no esperan a uno.

La banda es fuerte por el jefe.

De un mismo clavo no lo cuelgues todo.

Si tienes la cuerda, no permitas que las fuerzas te falten.

La cuchara seca destroza la boca.

Sobre un lecho mullido se puede dormir duramente.

No te metas en el agua sin conocer el vado.

Una mano pierde a la otra, y un pie hace andar al otro.

La piedad para con el crimen es una crueldad para la virtud.

No te contentes con la cola, si puedes coger la crin.

Ni se siembran ni se plantan los locos: crecen ellos mismos.

Con una sola mano no puede hacerse un nudo.

Dos buenos saludos apaciguan a cualquier jefe.

En el exilio, hasta la primavera es triste.

Si la tormenta no es muy fuerte, el campesino olvida santiguarse.

La aguja es pequeña, pero se clava profundamente.

Una piedra preciosa es una piedra preciosa hasta enterrada en el barro.

No es la espada la que mata, ni el vino el que emborracha.

Deja la sal y el pan tras de ti, y lo encontrarás delante.

Donde hay lágrimas, hay conciencia.

Un lecho de dinero no puede curar al enfermo.

Se derriba al árbol, ya sea porque da mucha o porque da poca sombra.

Se recibe según el hábito, y se despide según el espíritu.

El río también pertenece al mar.

Fue la opinión pública quien crucificó a Cristo.

Es útil habituarse a todo, incluso al infierno.

La madera nudosa exige un hacha bien afilada.

Quien duerme mucho, vive poco.

La sabiduría aprende de la necedad del idiota.

Quien no posee un par de bueyes, debe tener la lengua corta.

Quien nunca ha construido una casa, cree que los postes crecen solos.

Si un pedazo de pan cae, que caiga en el plato.

Un vendedor de cebollas grita: «¡Cebollas como la miel!» A lo que el vendedor de miel le pregunta: «¿Qué tienes tú que decir de mi miel?»

El pimiento dado es más dulce que el azúcar.

A quien cae en un pozo se le dice: «Espera, no te muevas de ahí».

Cuando el río desemboca en el mar, se esparce.

Con las uñas de una pequeña golondrina no se puede atrapar al águila.

Más vale el diamante en bruto que la turquesa pulida.

A quien más detesta el calvo es a quien le lava la cabeza.

Los malos ejemplos de la sabiduría corrompen la sociedad.

La fuerza mueve montañas.

Cuando el rey duerme, sus soldados preguntan:
«¿Quién vive?»

Para el perezoso siempre es fiesta.

El moho oxida al hierro y las penas al corazón.

El dolor embellece al cangrejo.

Si caminas rápido, atraparás a la desgracia; y si caminas despacio,
te atrapará ella a ti.

La desdicha es vecina de la idiotez.

Lo que se pierde riendo, se recupera llorando.

Cuando se siente uno desgraciado, se pasa por el ojo una aguja;
pero cuando se es feliz, con la puerta de casa no basta.

Si un desdichado sube a una montaña, la piedra que le hiere cae
de abajo para arriba.

Cuando se está de suerte, aunque se plante sal, crece hierba.

Cuando los rublos caen del cielo, el desgraciado no tiene saco.

Aunque vivas un siglo, trata de aprender siempre.

Siam

El sabio deja que un enemigo destruya a otro enemigo, como una
espina saca a otra espina.

No te esfuerces en ayudar a un elefante a llevar sus defensas.

Sigue la gran ruta y llegarás a sabio.

Siria

No desprecies a nadie, porque cada hombre tiene su día.

Suecia

La suerte no da, tan sólo hace prestar.

Cada cual lleva un fuego bajo su abrigo, sólo que unos saben disimularlo mejor que otros.

Quien persigue a otro, se priva él mismo del reposo.

La sabiduría inútil es locura doble.

El deseo de cada uno es para cada cual su reino de los cielos.

Suiza

Un hombre pequeño puede proyectar una gran sombra.

No esperes a que la espuma se salga del puchero, porque la grasa se va con ella.

En un instante puede deshacerse lo que cuesta de recomponer un año.

Tíbet

Mano con mano construyen una mansión, y vientre con vientre la destruyen.

Acepta un amo, reverencia al rey, pero desconfía de tu preceptor.

Turquía

Las penas son para el alma lo que los gusanos para la madera.

El hombre sin penas no es un hombre.

Cada desdichado es una lección.

¿Eres desgraciado en esta vida? Pues haz como el viajero que, cuando no se encuentra bien en una posada, se consuela pensando que está en ella de paso.

El hombre no busca la suerte, sino que es la suerte quien lo busca a él.

Quien no conoce lo poco, no puede conocer lo mucho tampoco.

Contra más se sabe, más se yerra.

El sabio no duerme sobre un lecho de plumas.

No se aprende nada más que a fuerza de equivocarse.

Primero ver y después saber.

Quien te aconseja se convierte en solidario de tu deuda.

No se adquiere el renombre sobre un lecho de plumas.

El uno come y el otro mira comer; así nacen las revoluciones.

Quien ha comido queso salado, sabrá bien encontrar el agua.

El vientre está más cerca de nosotros que nuestro propio hermano.

Vete a comer allí donde has puesto tu huevo.

Quien come sólo su pan se ve obligado a llevar su saco con los dientes.

Se pregunta al huérfano: «¿Por qué lloras?» Y él responde: «¿Acaso me ha visto nunca nadie sonreír?»

No quieras hacer una camisa con las llamas, y extraer manteca del acero.

¡No des la carne al caballo y la hierba al león!

El imán te dará de comer cuando lloren los cadáveres.

¡No seas como el ciego que pretende atrapar una pulga!

¡Su madre cebolla, su padre ajo, y él confitura de rosas!

Después de atravesar el mar, no te ahogues en un arroyo.

Más vale carecer de ojos que de espíritu.

La boca del sabio está en su corazón, y el corazón del loco en su boca.

Aconsejar a un loco es como querer blanquear a un negro con jabón.

La miel hace a la serpiente de su cado salir.

Quien castiga a sus hijos, se castiga a sí mismo.

Por amor a la rosa, el jardinero se convierte en esclavo de mil espinas.

Cuarenta sabios no podrán extraer de un pozo la piedra arrojada a él por un loco.

El verdadero capital de un hombre es un espejo de dos centavos.

Mira por debajo de ti y da gracias a Dios.

En una sociedad de ciegos, cierra los ojos tú también.

El sabio no dice lo que sabe, y el necio no sabe lo que dice.

El arma es el mayor enemigo de su dueño.

El huérfano se corta él mismo su ombligo.

Una vez lanzada, la flecha no vuelve a su punto de partida.

Quien quiere hacer ovejas de los demás, en presa del lobo se convierte.

Aunque llueva durante cuarenta años, el agua no atravesará el mármol.

Unos matan las abejas, y otros comen la miel.

Si te encuentras en un lugar sombrío, cierra los ojos.

Por cada loco, se encuentra un cuerdo.

¿Qué noche no ha nacido de su mañana?

Hoy por mí y mañana por ti.

Cien años de camino separan la mano de la boca.

No se hace buena tela con algodón viejo, ni buena espada con mal hierro.

Al buey no le pesan sus cuernos, ni al pájaro sus alas.

Mezclada con la seca, la madera húmeda arde.

Dos acróbatas no danzan sobre una misma cuerda.

Un padre puede alimentar a nueve hijos, pero nueve hijos no son capaces de alimentar a un padre.

Haz buenas obras y échalas al mar; si los peces no se las comen, Dios las encontrará.

Loco es quien se escucha hablar.

Si todo lo que viene a la lengua viniera a la mano, cada mendigo sería pachá.

Cabeza que se inclina, nunca es cortada.

Sobre cada mano, otra mano, y así hasta el cielo.

La canción del enamorado habla de su amante y la del oso, de las peras salvajes.

En el mundo no faltan ni matarifes ni verdugos: no seas por tanto ni lo uno ni lo otro.

El vinagre demasiado fuerte decolora la botella.

No remuevas la paja vieja.

Quien está en el baño caliente, pregunta si hace frío fuera.

La piedra pequeña hiere la cabeza.

Rescata tu reputación de la impertinencia.

Da poco y pide mucho.

Por cada cuerdo, se encuentran dos locos.

El anillo de oro no corrige el defecto de la uña.

Enseñar a apreciar lo que se ignora es tan buena obra como vestir al desnudo.

Aprende a sacrificar la barba para salvar la cabeza.

Quien bebe a crédito, se emborracha doblemente.

Para rascar hacen falta uñas.

Un hábito viejo no lleva botones de oro.

Por el mal del año próximo no te inquietes.

El mar no es quien compra los peces.

La carne más magra tiende a casarse con el pan.

El respeto que quieras obtener, de ti ha de nacer.

Riqueza de la India, ciencia de Francia, esplendor de los osmanlís.

No dejes plumas fuera de tu nido.

Se viene como se quiere y se va como se puede.

Cuando la cabeza se pierde, los pies pierden su aplomo también.

La tierra tiene oídos y el viento una voz.

Come la uva y no pidas la viña.

¿Qué ventaja se obtiene con los ojos abiertos si se tiene ciego
el espíritu?

Dos manos no sirven más que a una sola cabeza.

El jengibre de Oriente no tiene sabor.

Los ojos son los platos de una balanza en la que el peso es
el corazón.

No caigas en el fuego por querer salvarte del humo.

Sea blanca o negra, el azúcar siempre guarda su dulzor.

El hombre cortés aprende la cortesía en casa de quien no la tiene.

El huevo del día es mejor que la gallina que de él puede salir
mañana.

La hierba que a la serpiente traiciona nace justamente bajo
nariz.

En el llano, la pequeña colina se cree una montaña.

Si estás destinado a morir ahogado, procura que sea en agua limpia.

Donde la presunción y la ignorancia se sientan juntas, es inútil pretender que crezca la hierba.

Quien deja su cabeza en casa, pierde el sombrero fuera de ella.

No hace falta saber mucho para comer, pero sí para cocinar.

Es tan difícil razonar con un ignorante como querer enseñar a un ciego a distinguir los colores.

A cada lágrima, responde una sonrisa.

Yugoslavia

Si no existieran los «peros» y los «síes», todos seríamos felices.

Siempre crecen más cosas en un jardín de las que se siembran.

Desconfía de lo que desprecias.

Hasta el agua tiene dientes.

Antes de morder asegúrate si se trata de un pan o de una piedra.

Más vale soportar al mosquito harto, que hambriento.

La vida de un hombre es como una gota de rocío sobre la hoja de un árbol.

Cajon
de sastre

Abisinia

Para que tu enemigo no te calumnie, invítale a tu mesa.

Cuando habla uno solo, todos escuchan, pero si hablan todos a la vez, ¿quién escucha?

Si un sueño es verdad, se realizará cuando te encuentres sentado.

Afganistán

La rosa tiene a la espina por amiga.

Aunque tu enemigo sea una cuerda de arena, tenla por una serpiente.

Ni siquiera Dios, que es todopoderoso, puede hacer que caiga la lluvia de un cielo raso.

Cuando la espada cuelga sobre la cabeza de un hombre es cuando éste se acuerda de Dios.

África

El ausente es como un muerto.

No pierdas tu tiempo mirando a las malas hierbas e imaginando que tu labor ha terminado.

Quien se pone en camino, espera ladrones.

El ojo de tu vecino no mira al rey para ti.

El paralítico no puede luchar con su ejército, pero puede decir: «¡Que Dios destruya a nuestros enemigos!».

Más vale el polvo a los pies que sobre el trasero.

El hombre de pie incluye la parte que forma el hombre sentado.

El mañana alumbrará al pasado mañana.

El amigo sincero siempre tendrá lágrimas para ti, incluso si de sus ojos se han extinguido.

Un enemigo inteligente vale más que un amigo idiota.

Si te encuentras en casa de otros, ponte en guardia, pues te hallas entre enemigos.

En la boca de otro no se siente que la mandioca es amarga.

La belleza es un medio favor donado por Dios, pero la inteligencia lo es entero.

¿Quién mira a derecha e izquierda sin ver a su hermana? (La oreja.)

¿Dónde hay agua, donde no hay ni rocas ni arena? (Las lágrimas.)

Inocente, va y viene sin cesar. (La puerta.)

Es bien poca cosa, pero sin ella el mundo no estaría completo. (La luna.)

¿Quién come con el rey sin estar a su mesa? (La mosca.)

Dos bellas muchachas erguidas en lo alto y deseando hacer la guerra. (Los senos de una mujer joven.)

Una pequeña cosa que hace caer en el olvido a todos los seres vivientes. (El sueño.)

He ahí un pequeño hombre con su traje de piedra sobre sus espaldas. (La tortuga.)

¿Cuál es la cosa que puede golpear sin hacer heridas? (El agua.)

Cuando el pequeño hombre sale de su casa, todo el mundo le ve. (El sol.)

Golpea a todo el mundo y a todas las cosas, pero nadie le ve. (El viento.)

Inmóvil, como una fila de soldados. (La barrera.)

Una inmensidad junto a otra inmensidad. (El cielo y la tierra.)

Largos bastones que llegan desde el cielo hasta la tierra. (La lluvia.)

Una vieja casa siempre vale más que una tumba nueva.

Un viejo caballo vale más que unas sandalias nuevas.

El ojo nunca ve lo que le hiere.

Un golpe de sable en la cabeza, un golpe de hacha en el cuello; si no te han matado este año, lo harán al próximo.

Si una mosca muere en una playa, ha muerto donde debe morir.

Todo lo que de la noche inquieta está en la noche.

¿Es de verdad un destino adverso quien os hace caminar detrás?

El hombre piensa y Dios actúa.

Cuando se desprecia la guerra, los héroes están salvados.

El mal que hace un hombre poderoso, sobre la cabeza de su hijo lo hace.

La belleza del mundo está hecha de su miseria.

El mundo es riqueza.

La guerra es la naturaleza del mundo.

Las garras del cangrejo acaban por matar al cangrejo mismo.

Decir no es hacer.

De una palabra de nada surge una gran cosa.

Lo que te hará perder la gracia del rey no es lo que tú puedas hacer, sino lo que tú puedas decir.

A quien tiene de qué comer, no le faltan palabras.

La punta de la aguja es la primera en pasar.

Una palabra es como el agua, que si corre, no se remansa.

Se dice lo que no se hará.

Decir «fuego» no incendia la casa.

Las palabras no se pudren.

La palabra que queda en tu vientre es el hijo de tu madre; y la palabra que sale por tu boca es el hijo de tu padre.

Quien es hablador, se encontrará al final con la cabeza cortada.

Se dice una palabra este año, y se responde al año siguiente.

Un príncipe puede llegar al mundo hasta en una cocina.

Si se le dice al necio que se levante sus vestidos, se desnudará completamente.

Un tiempo deja sitio a otro tiempo.

La choza paterna de un hombre está en su propio bolsillo.

Son los viejos vestidos los que conservan a los nuevos.

El que impide a su oreja crecer, tendrá que oír a diario lo que nunca habrá oído.

Alemania

Se habla de las buenas acciones sin hacerlas, pero sin hablar se cometen las malas.

Un enemigo muerto es tan bueno como un amigo indiferente.

Quien tiene tres enemigos, deberá ponerse de acuerdo al menos con dos.

A muchos enemigos, mucho honor.

Quien no tiene enemigos, tampoco tiene amigos.

Del enemigo perdonado y del amigo recomendado, no te fíes más que a medias.

Mientras el puchero hierve, la amistad florece.

Grandeza y amistad no hacen sociedad.

La verdadera amistad no se hiela en invierno.

La belleza es el alimento de los ojos y la tristeza del alma.

De la belleza no se puede vivir.

Los demonios deberán ser cazados por los mismos demonios.

Hasta el diablo tiene sus derechos.

Si el diablo penetra en una iglesia, es seguro que se subirá al altar.

El diablo atrapa a la mayor parte de las almas con un hilo de oro.

Quien no castiga al mal, le invita.

Los médicos purgan el cuerpo, los teólogos la conciencia, y los hombres de leyes las bolsas.

El mundo ama demasiado a quien le engaña.

Las bellas palabras no pueden guardarse en el bolsillo.

La sangre, noble o innoble, toda es del mismo color.

Cuando Dios quiere que los huevos se rompan, se los confía a un necio.

Hoy es el único tiempo verdadero.

Hoy yo, mañana tú.

El tiempo y la marea no esperan a nadie.

Arabia

Un perro que se remueve vale más que un león acurrucado.

El brazo que no trabaja, siendo fuerte y vigoroso, será cortado de su espalda.

Un trabajo en la mano es como un brazalete de oro.

Quien es un verdadero hombre, saca el pan hasta de la misma piedra.

Por cada mirada que eches hacia atrás, mira dos veces hacia el porvenir.

Nadie come más a gusto que quien se ha ganado la comida con sus manos.

Más valen las peladuras del trabajo que el azafrán de la pereza.

El mundo está con quien está de pie.

Los amigos en la prosperidad son como los perros de la calle.

El espacio del agujero hecho por una aguja es suficiente para dos amigos.

Quien busca un hermano sin defectos, se quedará sin hermano.

No se toma el alma sin dar el alma.

Amistad de camarada, ¿sol de invierno y sombra de ciprés?

Si tu amigo es de miel, no lo lamas de la cabeza a los pies.

Hermanos en la vida en común, pero extraños en los negocios.

Un hombre que no tiene ni siquiera un amigo, es como si no tuviera mano derecha.

La imagen de la amistad es la verdad.

El árbol se apoya en el árbol.

No engañes a tu amigo, pero desconfía de él.

Ni el sonido se convierte jamás en harina, ni el enemigo en amigo.

No permitas a tu enemigo tender el arco, cuando tú puedas traspasarlo con una flecha.

El pan de otro no sacía el vientre.

Mirar la belleza es como un acto de caridad.

Lo que está escrito sobre la frente no podrá ser borrado por la mano del hombre.

La huida del destino es imposible.

Todo hombre lleva colgado al cuello su destino.

Tu suerte te acompaña lo mismo que tu sombra.

Toda tu vida fue escrita cuando aún estabas en el vientre de tu madre.

No son las balas las que matan, sino el destino.

La sangre que debe correr no se queda en las venas.

El destino tiene una mano con cinco dedos, con los que domina al hombre a su voluntad: dos dedos se los pone en los ojos, otros dos en los oídos, y el quinto sobre los labios, al mismo tiempo que le dice: «¡Cállate!»

Tu suerte es el fruto de tu destino.

No conocerás el verdadero sabor de la fe hasta que, sabiendo que tu desgracia es inevitable, sientas la voluntad de seguir viviendo.

Los ojos acaban viendo realizarse lo que llevan escrito sobre la frente.

Procura combatir con tu suerte mejor que con tu sable.

Quien escupe al viento, escupe a su propio destino.

Tu destino te busca y te encontrará.

La pluma de Dios se secó después de haber escrito tu destino.

Cada cual tiene su día, incluida la adversidad.

El mundo cambia: unas veces es de miel y otras de hiel.

El diablo nunca arruina su propia casa.

En cada ruina se puede encontrar un diablo.

Si Dios, que es misericordioso, no hubiera querido al hombre tan débil, habría creado otro.

Dios prueba a los hombres no solamente con la desdicha, sino también con la fortuna demasiado súbita.

Si Dios no perdonara, su paraíso estaría vacío.

Dios no nos ha hecho iguales más que ante la muerte.

Cuando Dios cierra una puerta, abre siempre otra.

Dios no cambia las condiciones de un pueblo más que cuando los individuos cambian ellos mismos.

Alá siente el dolor que cada hombre sufre.

Dios se interpone entre el hombre y su corazón.

Nadie sabría matar lo que Dios no mata.

El tintero no escribe las historias.

No hay paz posible más que después de la guerra.

Si no has encontrado todavía el mal, mírate a ti mismo.

En algunas ocasiones, hasta en el mal se puede encontrar el bien.

El mundo resulta demasiado estrecho para los que se odian.

El mundo de aquí abajo y el de allá arriba son como dos concubinas: no se puede satisfacer al uno sin irritar al otro.

Juzga al mundo en la balanza de la inocencia.

El mundo es una bailarina, que sólo baila para cada uno un solo instante.

El mundo no es una fiesta, sino una cortesana pálida que se pone «rouge» sobre las mejillas.

Quien se habitúe a tu pan, tendrá hambre nada más verte.

Quien dice lo que no piensa hacer, forzosamente entiende lo que no quiere entender.

Se ata a los bueyes por los cuernos y a los hombres por las palabras, pero las palabras son hembras.

Las palabras de los reyes son las reinas de las palabras.

La palabra humana es el olor del hombre.

No te laves con tu lengua, como hacen los bueyes.

Los proverbios son las lámparas de las palabras.

Toda cabeza contiene una máxima.

Bendito sea el hombre que mide el poder de su fuerza y se abstiene de hacer el mal.

Armenia

Nunca está de más dar su parte al diablo.

Si mi corazón es estrecho, que el mundo sea para quien me sirve vasto.

La lengua de un malvado es siempre una lengua.

El turco dice: «Come, ya hablarás después». Y el armenio: «Come y habla al mismo tiempo».

Si lo que tú dices vale dinero, sueña que hablas.

Bélgica

Donde dos se querellan, un tercero debe ver claro.

Si sabes apagar tu bujía, no emplees el soplo de otro.

Birmania

No respires nunca a través de las narices de otro.

Dar limosna no aligera la bolsa.

Brasil

Dios escribe derecho sobre líneas torcidas.

Allí donde la sangre corre, el árbol del olvido no puede crecer.

Cuando llega la guerra, el diablo agranda su infierno.

Incluso la guerra acaba por donde ella comienza.

Las palabras no salan la sopa.

Bulgaria

Si pones un cirio para Dios, pon dos para Satán.

Dios no está sin pecado, puesto que ha creado el mundo.

Más provechosa te será tu propia desgracia, que la felicidad de otro.

Si la desgracia no te ha encontrado aún, espera un poco y la encontrarás.

Cuba

Quien se deja estar al tiempo, en el tiempo se queda.

Checoslovaquia

Quien busca el bien de otro, es que se siente fatigado del suyo.

Haz bien al diablo, y te recompensará con el infierno.

Nuestros parientes nos enseñan a hablar, y el mundo, a callar.

China

Cuando los hombres se sienten amigos, hasta el agua sabe dulce.

Si tienes té y vino, tendrás numerosos amigos, pero si te encuentras en la adversidad, nadie te visitará.

Encontrar un amigo es fácil; vivir con él y hacerlo en paz es lo difícil.

No hay alegría igual a la de encontrar nuevas amistades.

No esperes de los demás lo que tú no puedas prometerles.

La música es la unión armoniosa entre el cielo y la tierra.

Cuando la música es perfección, no hay revolución.

La música activa la sangre, hace vivir al espíritu y proporciona armonía al corazón.

Un esclavo que trabaja para sus padres no sirve a nadie.

Un carro está hecho de madera, pero montar sobre un carro no es montar sobre una madera.

Pueden curarse las enfermedades, pero no el destino.

El hombre puede ser hábil, pero dejará de serlo si el destino se pone contra él.

Sobre el nombre de cada hombre está inscrito su destino.

El sabio no discute con el necio.

El hombre predestinado a la felicidad no tiene ningún deseo de ser feliz.

Si los hombres no pueden vivir sin dioses, los dioses tampoco podrían manifestar sus poderes sin hombres.

No hay ni dioses ni demonios, puesto que son invenciones de los hombres.

Los dioses y las hadas se equivocan.

La guerra es la fiesta de los muertos.

Si los príncipes supieran hablar y las mujeres callar, los cortesanos decir lo que piensan y los domésticos no escuchar, todo el universo se sentiría en paz.

Se puede herir de un golpe de espada, pero también con un golpe de lengua.

Si el hombre trabaja, la tierra no muere.

La agricultura es la raíz de todas las cosas.

Un buen labrador puede sembrar, pero no es seguro que pueda recoger.

El placer de bien obrar es el único que no se suele usar.

Los placeres fueron llevados al mercado antes de que el oro fuera caro.

Los príncipes no piensan en el bien de su pueblo más que cuando no tienen otra cosa que hacer.

Quien tiene sed, sueña que bebe.

Creer en los sueños es como estar durmiendo toda la vida.

Dinamarca

Nadie ve en otro más lejos de sus dientes.

No hay ciego que pregunte por qué son felices los que se aman.

«La virtud en su justo medio», dice el diablo, poniéndose entre los dos magistrados.

Dios alimenta a los pájaros que se ayudan con sus alas.

Quien habla mal de sí mismo, no es alabado por nadie.

El mal no es nunca bueno hasta que lo peor no llega.

El pan es mejor que el canto de los pájaros.

El pan que ya ha sido comido, siempre resulta duro al ser pagado.

No es un señor quien ofrece su comida en cubiertos de plata.

Los señores tienen largos brazos, pero no alcanzan al cielo.

Egipto

A veces, un amigo es una enfermedad.

El diablo no se le aparece más que a quien cree en él.

«El pueblo está sin pan», se le dice al diablo. Y él responde: «Pues que se alimente con pasteles».

No digas «yo no tengo pecados», porque eso es convertirse en casi Dios.

Escocia

Quien come en la sopera del diablo, necesita una gran cuchara.

Quien no quiere ningún mal, no merece ningún bien.

Cada uno se siente bien o mal, según a lo que aspira.

Una buena palabra no cuesta más que decir una mala.

El libro de los «puede ser» comprende un gran volumen.

Ninguna buena historia se gasta porque sea contada dos veces.

España

El abad, de lo que canta yanta.

Quien no da nudo, pierde punto.

Si quieres criarte gordito y sano, la ropa del invierno gasta en verano.

Las mañanicas de abril buenas son de dormir.

En la casa llena, enseguida se guisa la cena.

Día de mucho, víspera de nada.

La abundancia cría la vagancia.

A pan duro, diente agudo.

Dondequiera que fueres, haz como vieres.

Administrador fuiste y perdiste, porque quisiste.

Quien te hace fiestas que no suele hacer, o te quiere engañar o te ha de menester.

El agua no enferma, ni embeoda, ni adeuda.

El agua corriente no mata a la gente.

El dinero ahorrado, dos veces es ganado.

Brasa trae en el seno la que cría hijo ajeno.

Cada ollero su olla alaba, y más si la trae quebrada.

La vida de la aldea, désela Dios a quien la desea.

Quien canta, sus males espanta.

Sin pan ni carne, no se hace buena sangre.

Bofetón amagado, nunca bien dado.

Desdichas y caminos hacen amigos.

Amigo que no presta y cuchillo que no corta, aunque se pierdan poco importa.

No hay mejor espejo que el amigo viejo.

Amigo reconciliado, enemigo doblado.

No te fíes de amigo reconciliado, ni de manjar dos veces guisado.

A canas heredadas no hay puertas cerradas.

Hijo no tenemos y nombre le ponemos.

Más apaga buena palabra que caldera de agua.

Lo que de noche se hace, por la mañana aparece.

El hombre apasionado no quiere ser consolado.

Al herrero con barbas, y a las letras con babas.

Lo que se aprende en la cuna, siempre dura.

Lo que en la leche se mama, en la mortaja se derrama.

A río revuelto, ganancia de pescadores.

El arado rabudo, y el arador barbudo.

Are quien aró, que mayo ya entró.

Arreboles de Aragón, a la noche agua son.

Quien a buen árbol se arrima, buena sombra le cobija.

Quien tiene arte, va por todas partes.

En cojera de perro y en lágrima de mujer no hay que creer.

Al que de ajeno se viste, en la calle le desnudan.

Lo que la loba hace, al lobo le place.

Donde hay patrón no manda marinero.

Más vale mala avenencia que buena sentencia.

Harto ayuna quien mal come.

Antes de la hora, grande ruedo; venidos al punto, mucho miedo.

Ni barbero mudo, ni cantor sesudo.

Quien se viste de ruin paño, dos veces se viste al año.

Cuando el hierro está encendido, entonces ha de ser batido.

El deseo hace hermoso lo feo.

Calle el que dio y hable el que tomó.

El bien no es conocido hasta que no es perdido.

No hay peor burla que la verdadera.

Quien no te ama, burlando te difama.

Cuanto mayor es la subida, tanto mayor es la descendida.

El buen paño en el arca se vende.

No perjudica el callar, sino el hablar.

En boca cerrada no entran moscas.

Olla sin sal, hazte cuenta de que no tiene manjar.

Las cosas raras son las más caras.

Oficio de consejo, honra sin provecho.

El que quiere a la col, quiere las hojas de alrededor.

El pato y el lechón, del cuchillo al asador.

Triste está la casa donde la gallina canta y el gallo calla.

Tres cosas echan de su casa al hombre: el humo, la gotera y la mujer vocinglera.

De fuera vendrá quien de casa nos echará.

El casado casa quiere.

La primera mujer escoba, y la segunda señora.

Dios castiga sin palo ni piedra.

Muerto el perro, se acabó la rabia.

Quien tiene tejado de vidrio, no tire piedras al del vecino.

Soñaba el ciego que veía, y soñaba lo que quería.

Galgo que muchas liebres levanta, ninguna mata.

Más moscas se cogen con miel que con hiel.

Peso y medida quitan al hombre fatiga.

El comer y el rascar, todo consiste en empezar.

El hombre mezquino, después de comido, tiene frío.

El que desecha la yegua, ése se la lleva.

Cuando el tabernero vende la bota, o sabe a la pez o está rota.

A rico no debas, y a pobre no prometas.

Desnudo nací, desnudo me hallo; por lo tanto, ni pierdo ni gano.

A falta de pan, buenas son las tortas.

El que está en la aceña muele, que no el que va y viene.

Pescador que pesca un pez, pescador es.

Mejor es casarse que abrasarse.

Año de nieves, año de bienes.

La costumbre hace ley.

Costumbres y dinero hacen a los hijos caballeros.

El vestido del criado dice quién es su señor.

El viejo que se cura cien años dura.

El gato maullador, nunca buen cazador.

Quien da luego, da dos veces.

Da Dios mocos a quien no tiene pañuelo.

Tenéis por Dios al que tiene más que vos.

Primero es la obligación que la devoción.

Ni te abatas por pobreza, ni te ensalces por riqueza.

A las diez en la cama estés, y si puedes antes mejor que después.

El campo fértil, no descansado, se torna estéril.

¿Quieres hacerte amar? Hazte desear.

Hueso que te cupo en parte, róele con sutil arte.

Algo es queso, pues se da por peso.

El buen pagador es señor de lo ajeno.

Cuando Dios quiere, con todos los aires llueve.

Cada uno para sí, y Dios para todos.

Ni fía ni porfía, ni entres en cofradía.

Quien no sabe disimular, no sabe reinar.

Cada maestrillo tiene su librillo.

Duerme, Juan, y yace, que tu asno pace.

Oveja chiquita, cada año es corderita.

Hijo de viuda, o mal criado, o mal acostumbrado.

Costumbres de mal maestro sacan hijo siniestro.

Ni de malva buen vencejo, ni de estiércol buen olor, ni de mozo buen consejo, ni de puta buen amor.

Cada cual quiere llevar el agua a su molino, y dejar seco el del vecino.

Bien predica quien bien vive.

Si el prior juega a los naipes, ¿qué harán los frailes?

Al cabo de un año tiene el mozo las mismas mañas del amo.

¿Quién es tu enemigo? El que es de tu mismo oficio.

Sólo botas y gabán, cubren muy mal.

A enemigo que huye, puente de plata.

Échate a enfermar y verás quién te quiere bien y quién te quiere mal.

Al enfermo que es de vida, el agua le es medicina.

Una vez engañan al prudente, y dos al inocente.

Reniega del amigo que cubre con las alas y muerde con el pico.

No alabes ni desalabes hasta después de siete navidades.

A buen entendedor, breve hablador.

Dame donde me siente, que yo haré donde me acueste.

De los escarmentados se hacen los avisados.

Quien espera, desespera.

Mientras la hierba crece, el caballo muere.

Unos nacen con estrella y otros estrellados.

La letra con sangre entra.

Al mejor galgo se le escapa una liebre.

El mejor escribano echa un borrón.

De dinero y calidad, la mitad de la mitad.

La excepción confirma la regla.

Lo poco agrada y lo mucho enfada.

Más sabe el diablo por ser viejo que por ser diablo.

La experiencia es la madre de la ciencia.

Olla que mucho hierve, sabor pierde.

Los extremos se tocan.

Unos tienen la fama y otros cardan la lana.

Tres hijas y una madre, cuatro diablos para el padre.

Quien de mano ajena espera, mal yanta y peor cena.

Al ave de paso, cañazo.

Entre dos amigos, un notario y dos testigos.

Agosto, frío en rostro.

Alhaja que tiene boca, nadie la toca.

Genio y figura hasta la sepultura.

Ni un dedo hace mano, ni una golondrina verano.

Quien de viejo engorda, dos mocedades goza.

Más vale caer en gracia que ser gracioso.

A quien te da el capón, dale la pierna y el alón.

El que tiene mujer hermosa, castillo en frontera o villa en carrera, nunca le falta la guerra.

A veces, bajo hábito vil, se esconde hombre gentil.

Quien malas mañas tiene en la cuna, o las pierde tarde o nunca.

Quien habla, siembra; quien calla, recoge.

Más hace el que quiere que no el que puede.

Quien hace lo que quiere, no hace lo que debe.

La viña del ruin se poda en abril.

No menea por ti la cola el can, sino por el pan.

En casa del herrero, sartén de palo.

Hijo malo, más vale doliente que sano.

El hijo de la gata ratones mata.

Cara de beato, uñas de gato.

Cruz en el pecho, el diablo en el hecho.

Hombre honrado, antes muerto que injuriado.

El huésped y el pez a los tres días huelen.

Tal para cual, la Pascuala con el Pascual.

Pobre porfiado, saca mendrugo.

A donde el corazón se inclina, el pie camina.

Planta muchas veces traspuesta, ni crece ni medra.

Hijo desacalostrado, medio criado.

Asno muerto, la cebada al rabo.

Pan con pan, comida de tontos.

¿Quieres que te siga el can? Dale pan.

A moro muerto, gran lanzada.

No hay más bronce que años once, ni más lana que no saber qué hay mañana.

De los leales se llenan los hospitales.

¿Dónde va la lengua? Donde duele la muela.

Necios y porfiados hacen ricos a los letrados.

Quien da, bien vende, si el que recibe lo entiende.

El buey suelto bien se lame.

Después de beber, cada uno dice su parecer.

Agua por mayo, pan para todo el año.

No por mucho madrugar amanece más temprano.

Mal de muchos, consuelo de tontos.

Entre todos la mataron y ella sola se murió.

Matrimonio y mortaja del cielo bajan.

En mal de muerte no hay médico que acierte.

Tres cosas hacen al hombre medrar: ciencia, mar y casa real.

Todo es menester, migar y sorber.

Quien siempre miente, vergüenza no siente.

En este mundo cansado, ni hay bien cumplido ni mal acabado.

Todo lo nuevo place.

Obras son amores, que no buenas razones.

A la ocasión la pintan calva.

La ociosidad es la madre de todos los vicios.

A mocedad ociosa, vejez trabajosa.

Los ojos son el espejo del alma.

Buena vida, padre y madre olvida.

De tal palo, tal astilla.

De tal barba, tal escama.

No hay cerradura, si es de oro la ganzúa.

Escudero pobre, taza de plata y olla de cobre.

A padre guardador, hijo gastador.

Donde las dan, las toman.

Quien debe y paga, no debe nada.

Pato, ganso y ansarón, tres cosas suenan y una misma son.

Cada oveja con su pareja.

Si no es como queremos, pasamos como podemos.

A tu tierra grulla, aunque sea con una sola pata.

Si quieres asegurar la paz, prepárate para la guerra.

El que no llora, no mama.

El perezoso siempre es menesteroso.

No se ganó Zamora en una hora.

El poeta nace, y el orador se hace.

Entre dos muelas molares, nunca metas los pulgares.

Quien no trae soga, de sed se ahoga.

Hombre prevenido vale por dos.

Principio quieren las cosas.

Obra empezada, medio acabada.

Quien fía o promete, en deuda se mete.

A quien has de acallar, no le hagas llorar.

Al más potente, cede el más prudente.

Arco que mucho brega, se quiebra o él o la cuerda.

Aquel que siempre se queja, tarde este mundo deja.

La mujer rogada y la olla reposada.

¡Qué honra para la familia! ¡La sobrina con el rey!

A rey muerto, rey puesto.

Quien rebaja del precio, quiere comprar.

No hay mejor remiendo que el del mismo paño.

En la boca del discreto, lo público es secreto.

El que lo tiene lo gasta, y si no, se lame el asta.

Salga el sol por Antequera y póngase por donde quiera.

El viejo desvergonzado hace al niño osado.

No hay rico necio, ni pobre discreto.

A olla que hierve, ninguna mosca se atreve.

La nobleza no se aprecia, si le falta riqueza.

No crece el río con agua limpia.

Quien ruin es en su villa, ruin será en Sevilla.

No firmes cartas que no leas, ni bebas agua que no veas.

Por miedo de gorriones, no se dejan de sembrar cañamones.

Si quieres ser bien servido, sírvete a ti mismo.

El vino como el rey, y el agua como el buey.

Lo que pronto madura, poco dura.

Al que va a la bodega, por vez se le cuenta, beba o no beba.

Más vale el ruego del amigo que el hierro del enemigo.

Como canta el abad, responde el sacristán.

Cuando marzo mayea, mayo marcea.

Llueva para mí abril y mayo, y para ti todo el año.

Cuando Guara tiene capa y el Moncayo chipirón, buen año para Castilla y mejor para Aragón.

Después de los años mil, vuelve el agua a su carril.

Quien tonto va a la guerra, tonto viene de ella.

Aunque la mona se vista de seda, mona se queda.

El sastre de Campillo, que cosía de balde y aún ponía el hilo.

No puede el hijo de Adán sin trabajar comer pan.

A cada puerco le llega su San Martín.

Quien en una piedra dos veces tropieza, merece quebrarse la cabeza.

Hacienda de sobrino, quémala al fuego y llévala al río.

Dinero olvidado, ni recuperado ni agradecido.

Más vale algo que nada.

Más vale tarde que nunca.

Más vale malo conocido que bueno por conocer.

Más vale maña que fuerza.

Perdonar las injurias es la más noble de las venganzas.

Los niños y los locos dicen las verdades.

Quien tiene vergüenza, ni come ni almuerza.

Al villano, con la vara del avellano.

Zorros en la zorrera, el humo los echa fuera.

Dijo el asno al mulo: «Tira allá, orejudo».

Dolor de mujer muerta, dura hasta la puerta.

Dolor de esposo, dolor de codo, que duele mucho y dura poco.

La viuda honrada, su puerta cerrada.

La viuda rica con un ojo llora y con el otro repica.

Al que yerra, perdónale una vez, pero no después.

Cuando la zorra anda de caza de grillos, mal para ella y peor para sus hijos.

A buey viejo, cencerro nuevo.

A mal hecho, ruego y pecho.

Antes que cases, cata lo que haces, que no es nudo que así como así desates.

Asna con pollino, no va derecha al molino.

Barbero, loco o parlero.

Bien canta Marta cuando está harta.

Codicia mala, saco rompe.

El viejo en su tierra y el joven en la ajena mienten cuanto quieren.

En burlas ni en veras, con tu señor no partas peras.

Hijo eres y padre serás, cual hicieres habrás.

La una mano lava a la otra, y las dos al rostro.

Mal me quieren mis comadres porque digo las verdades.

Hay más días que longanizas.

No hay atajo sin trabajo.

No hay boda sin tornaboda.

Nuestro gozo, en un pozo.

Oveja que bala, bocado que pierde.

Palabras y plumas, el viento se las lleva.

¿Quién te enriqueció? Quien te gobernó.

Tú que no puedes, llévame a cuestas.

El bien buscarlo, y el mal esperarlo.

Al revés me la vestí, ándese así.

Antes se coge a un mentiroso que a un cojo.

A quien no teme, nada le espanta.

Cierzo y mal señor destruyen a Aragón.

Comed y no gimáis, o gemid y no comáis.

Comer hasta enfermar, y ayunar hasta sanar.

Cordobés, mala res, que de una aguja hace tres.

El hijo de mi hija pónmelo en la rodilla; y al hijo de mi nuera, dale pan y que se vaya fuera.

El mal tordo tiene la cara flaca y el papo gordo.

El que las sabe, las tañe.

En casa del ahorcado no mientes la soga.

Entre padres y hermanos no metas tus manos.

El huevo quiere sal y fuego.

Las mañanas de abril dulces son de dormir, y las de mayo, de sueño me caigo.

La tela de araña al ratón suelta y a la mosca apaña.

Lo mucho se gasta y lo poco basta.

Lo que atrás viene, a un rabo se parece.

Lo que se usa no se excusa.

Lo que uno no quiere, otro lo ruega.

Más caga un buey que cien golondrinas.

Más vale medir y remediar, que cortar y arrepentir.

Mentir no cuesta dinero.

Mesa de franciscos, coro de bernardos, hábito de agustinos, bolsa de jerónimos, púlpito de dominicos.

Nadie da lo que no tiene.

No todos los que estudian son letrados, ni todos los que van a la guerra son soldados.

Obra de portal, dura poco y parece mal.

Qué más se me da ocho que ochenta, si todos los ochos son dieces.

Quien hace un cesto hace ciento, si tiene mimbres y tiempo.

Quien más tiene, más quiere.

Quien no sabe callar, no sabe hablar.

Zaragoza la harta, Valencia la bella y Barcelona la rica.

Abril y mayo, la llave de todo el año.

A buen comer o mal comer, tres veces beber.

Afanar, afanar y nunca medrar.

Agua fría y pan caliente nunca hicieron buen diente.

Al año tuerto, el huerto; al tuerto tuerto, la cabra y el huerto; al tuerto retuerto, la cabra, el huerto y el puerco.

Al hierro el orín y la envidia al ruin.

Al principio o al fin, abril suele ser ruin.

Armas y dineros buenas manos quieren.

Cebada granada, a los ocho días segada.

Chica es la punta de la espina, pero a quien le duele no la olvida.

Cien sastres y cien molineros, más cien tejedores, son trescientos ladrones.

Cuando uno no quiere, dos no riñen. De la mano a la boca se pierde la sopa.

De las carnes el carnero, y de los pescados, el mero.

El Duero tiene la fama y el Pisuerga lleva el agua.

Ea, ea, que Burgos no es una aldea.

Ebro traidor, que naces en Castilla y riegas a Aragón.

El melón y el queso, tómalos a peso.

En abril, aguas mil, y en mayo, tres o cuatro.

En este mundo mezquino, cuando hay para pan no hay para vino.

En pleito claro, no es menester letrado.

Entre col y col, lechuga.

Fraile que fue soldado sale más acertado.

Gentil sazón de requiebro, cuando la viuda sale del entierro.

Gloria vana, florece pero no grana.

Ignorancia es, todo a tropel, aseverar o temer.

Ni ir a la guerra ni casar se debe aconsejar.

Judíos en pascuas, moros en bodas y cristianos en pleitos, gastan sus dineros.

La cárcel y la cuaresma, para los pobres están hechas.

La liebre es de quien la levanta y el conejo de quien lo mata.

La que con muchos se casa, a todos enfada.

Luna en creciente, cuernos a Oriente; luna en menguante, cuernos hacia delante.

Marzo ventoso, abril lluvioso, hacen a mayo florido y hermoso.

Más vale un agua entre abril y mayo que los bueyes y el carro.

Más vale un agua entre mayo y junio que los bueyes y el carro y el yugo.

Navidad en viernes, siembra donde pudieres.

No echéis agua en el vino, que andan gusarapas por el vino.

Olla cabe tizones ha menester cobertera, y la moza, donde hay garzones, la madre sobre ella.

Poco a poco hila la vieja el copo.

Pon tu cabeza entre mil, y lo que fuere de los otros será de ti.

¡Qué bonita es la vergüenza! Vale mucho y poco cuesta.

Quien no se osa aventurar, no pasa la mar.

Quien presta, no cobra; si cobra, no todo; si todo, no tal, y si tal, enemigo mortal.

Quien se levanta tarde, ni oye misa ni come carne.

Si te muerde el escorpión, traigan la pala y el azadón; si te muerde el alacrán, traigan la manta y el cabezal.

Sobre negro no hay tintura.

Una en el clavo y dos en la herradura.

Váyase lo comido por lo servido.

Yo a buenas y vos a malas, no puede ser más negro el cuervo que sus alas.

Yo me soy el rey Palomo: yo me lo guiso, yo me lo como.

El género femenino es de muy poco saber, pero oigo decir de continuo: «Al caso que es repentino, el consejo de mujer».

Boca que dice que «no», como a veces hago yo, alguna vez dirá «SÍ».

Cuando el viejo rico muere, que está con moza casado, esto es lo que ella requiere.

Abril, aguas mil, cernidas por un mandil.

A cualquier dolencia, es remedio la paciencia.

A donde no está el dueño, allí está el duelo.

Agua de agosto: azafrán, miel y mosto.

El agua hace mal, y el vino hace cantar.

A la mujer y a la mula, por el pico les entra la hermosura.

Al andaluz, hazle la cruz; al sevillano, con toda la mano, y al cordobés, con manos y pies.

Al gato goloso y a la moza ventanera, taparles la gatera.

Al invierno lluvioso, verano abundoso.

Allá van leyes, donde quieren reyes.

Al médico, confesor y letrado, no les traigas engañados.

Al mulo y al asno, la carga al rabo, y al rocín, a la crin.

Al que cuece y amasa, no le hurtes la hogaza.

A quien te puede tomar lo que tienes, dale lo que te pidiere.

Al ruin de Roma, en nombrándole, en seguida asoma.

Al tío sin hijos, hazle mimos y regocijos.

Ama a quien no te ama, responde a quien no te llama, y andarás carrera vana.

Ama como si hubieses de aborrecer, y aborrece como si hubieses de amar.

Amar y saber, todo junto no puede ser.

Amigo de uno, amigo de ninguno.

Amigo por amigo, el buen pan y el buen vino.

Amor comprado, tenlo por vendido.

Amor, dinero y cuidado nunca fueron disimulados.

Los amores de los gatos comienzan riñendo y acaban bufando.

Amor loco, yo por vos, y vos por otro.

No andes probando, como cuchillo de melonero.

Ande yo caliente, y ríase la gente.

Ángel patudo, que quiso volar y no pudo.

Antes de casar, procúrate casa en que morar, tierras en que labrar y viñas en que podar.

Antes de contar, escribe, y antes de firmar, recibe.

Antes de que acabes no te alabes.

Año hortelano, mucha paja y poco grano.

A palabras necias, oídos sordos.

A poco pan, tomar primero.

A quien Dios se la dé, San Pedro se la bendiga.

A quien duele la muela, que la eche fuera.

A quien mal vive, su miedo le persigue.

Aquí gracias y después gloria, y luego la olla.

A quince de marzo, da el sol en la sombría y canta la golondrina.

«Aramos», dijo la mosca, y estaba en el cuerno del buey.

Araña, ¿quién te arañó? Otra araña como yo.

Sentarse en mesa puesta es no saber lo que cuesta.

Asno malo, cabe casa aguija sin palo.

A vino de mal parecer, cerrar los ojos al beber.

A vos todo el año, y para mí, abril y mayo.

¡Ay, Dios mío! Y de los otros tío.

Ayer porquero y hoy caballero.

A Badajoz, tierra de Dios, échase uno y amanecen dos; y en Jerez, échase uno y amanecen tres.

Bailar bien y bailar mal, todo es bailar.

Barre la nuera lo que ve la suegra.

Bebe poco y come asaz, duerme en alto y vivirás.

Beldad y hermosura, poco duran; más valen virtud y cordura.

Bendito sea el mal que con dormir se quita.

El besugo de enero vale por un carnero.

Bien juega quien mira.

Bien me quieren las vecinas porque les digo las mentiras.

Buena es la nieve que en su tiempo viene.

Buena es la trucha, mejor el salmón; bueno es el sábalo, cuando está en sazón.

Buen castillo es el de Peñafiel, si no tuviera a ojo el de Curiel.

La buena presencia es carta de recomendación y creencia.

Buey viejo, surco derecho.

Burlaos con el loco en casa, y se burlará de vos en la plaza.

Buscáis cinco pies al gato, y no tiene más que cuatro, aunque sean cinco con el rabo.

Busca pan para mayo y leña para abril y échate a dormir.

Caballito de bamba, que ni come, ni bebe, ni anda.

Caballo ligero en la guerra, hombre de armas en la paz, e infante nunca jamás.

Caballo que alcanza, pasar querrá.

Caballo que vuela, no quiere espuela.

La cabeza loca no quiere toca.

Cabrito de un mes, recental de tres.

Cada cual ama a su igual, y siente su bien y su mal.

Cada cual quiere a su igual, la burra quiere al borrico, y por eso se unen mal un buey grande y otro chico.

Cada cual siente sus duelos, y poco los ajenos.

Cada gallo canta en su gallinero, y el español, en el suyo y en el ajeno, cuando éste es bueno.

Cada hombre tiene su nombre; cada hormiga, su ira; cada ruin, su hijo, y cada sendero, su atolladero.

Cada uno donde es nacido, por eso está bien el pájaro en su nido.

La calentura del hogar no dura más que hasta el umbral.

Calenturas otoñales, o muy largas o mortales.

Caliente la comida y fría la bebida.

La cama es buena cosa, pues en ella el que no puede dormir, al menos reposa.

Cansa quien da, y no cansa quien toma, ni cansará.

Canta la rana y baila el sapo, y tañe la vigüela el lagarto.

Cantó al alba la perdiz, pero más le valiera dormir.

Cantó el pardal, y cantó para su mal.

Cañas vanas, mucho crecéis pero poco granáis.

Caracol, caracol, saca los cuernos al sol.

Cara es la plaza, pero más cara es la caza.

Carga que place, bien se trae.

La carne de pluma quita del rostro la arruga.

La carne pone carne y el vino pone sangre.

Casa barrida y mesa puesta, el huésped espera.

La casa de la Celestina, todos la saben y nadie la atina.

La casa del doliente, aunque se queme, no se siente.

Casada, de ti dicen mal: digan, digan, que ellos se cansarán.

El casado descontento vive continuamente en un tormento.

Casa en que vivas, vino que bebas y tierras cuantas veas.

Casa hecha y viña puesta, nadie sabe cuánto cuestan.

Casa mía, casa mía, por pequeña que seas, me pareces
una abadía.

La casa sin fuego y sin llama se asemeja a un cuerpo sin alma.

Casa sin moradores, nido de ratones.

Casóse con gata por amor a la plata; gastóse la plata y quedóse la
gata en casa.

El caudal de la labranza siempre es rico en esperanza.

Cebada para marzo, leña para abril y trigo para mayo.

El cebo es el que engaña, que no el pescador ni la caña.

De cenas, soles y Magdalenas, están las sepulturas llenas.

El buen chocolate para poderse beber, tres cosas requiere: ser
espeso, dulce y caliente.

El cochino es mi consuelo y la oveja mi molleja.

La codicia rompe el saco, o quizá lo romperá donde no está.

Colorado y negro, los colores del infierno.

Comedíos antes de que os coman.

Comer poco y beber menos, a la lujuria te le pone freno.

Comer y beber echa la casa a perder; dormir y holgar, no la puede ganar.

La comida del hidalgo tiene poca vianda y el mantel largo.

La comida reposada y la cena paseada.

Como come el mulo, caga el culo.

No seas como el perro de muchas bodas, que no come en ninguna por comer en todas.

La compañía del ahorcado consiste en ir con él y dejarle colgado.

La compañía de tres buena es, pero la de cuatro dala al diablo.

Compra de quien heredó y no de quien compró, pues éste sabe lo que le costó.

Con arte y con engaño hay quien vive la mitad del año, y con engaño, vino bebas, la otra media parte.

Con brevas, vino bebas, y con higos, agua y vino.

Lo que te cubre, eso te descubre.

Con el tiempo, todo se sabe, pero también todo se olvida y se deshace.

Con el viento se limpia el trigo, y los vicios con el castigo.

Con hierro y vinagre, buena tinta se hace.

Con la mujer y el dinero, no te burles, compañero.

Con las malas comidas y peores cenas, menguan las carnes y crecen las venas.

Con lo que Pedro adolece, Sancho convalece.

Conocido el daño, huir de él es lo sano.

Con poco viento cae a tierra la torre sin cimiento.

Con regla, pesa y medida, pasará en paz nuestra vida.

Consejo es de sabios perdonar injurias y olvidar agravios.

Contra fortuna no vale arte ninguna.

Con un mucho y dos poquitos se han los hombres ricos.

Cosa bien negada, nunca es bien probada.

Cosa hallada no es hurtada.

Cosa prometida es medio debida, y debida enteramente si quien promete no miente.

Cuando febrero no febrerea, marzo marcea.

Cuando vayas a concejo, acuerda en lo tuyo y deja lo ajeno.

Cuando ha tronado bien y truena, fuerza es que llueva.

Cuando hables de alguien, mira de quién, dónde y qué, cómo, cuándo y a quién.

Cuando la hormiga se quiere perder, alas nuevas le quieren crecer.

Cuando lava la sucia, el sol se anubla; cuando tiende, llueve, y cuando seca, apedrea.

Cuando llueve, llueve; cuando nieva, nieva; pero cuando hace viento, es cuando realmente hace mal tiempo.

Cuando llueve y hace viento, cierra la puerta y estate dentro.

Cuando no llueve en febrero, no hay buen prado ni buen centeno.

Cuando abasto, tanto gasto.

Cuatro bueyes en un carro, si bien tiran para arriba, mejor tiran para abajo.

Cuatro cosas hay en España que excelentes son: las campanas de Toledo, el reloj de Benavente, el rollo de Écija y el rollo de Villalón.

El cuchillo mangorrero no corta en la carne y corta en el dedo.

La dama en la calle, grave y honesta; en la iglesia, devota y compuesta; en casa, escoba discreta y hacendosa; en el estrado, señora; en el campo, corza; en la cama, graciosa; por lo tanto, en todo hermosa.

Debajo de la manta, tanto da negra como blanca.

El diablo cojo sabe más que el otro.

El día de San Bartolomé dijo el sol: «Aquí estaré».

El día de San Lucas mata tus puercos y tapa tus cubas.

El día de San Martino, prueba tu vino.

El día de Santa Lucía, mengua la noche y crece el día.

El diente y el amigo, súfrelos en el dolor y en el vicio.

El dinero del obrero entra por la puerta y sale por el humero.

El dinero en la bolsa, hasta que no se gasta no se goza.

Dios y el mundo no pueden andar juntos.

Discreción es saber disimular lo que no se puede remediar.

Dolor de diente, dolor de pariente.

Donde comen tres, comerán cuatro, añadiendo más al plato.

Donde hay celos, hay amor, y donde hay viejos, hay dolor.

Dormir y guardar la era, no hay manera.

El cobarde de su sombra tiene miedo.

El conejo ido y el consejo venido.

El dormir no quiere prisa, ni la prisa quiere dormir.

El mentir y el compadrar, ambos andan a la par.

El que en mentira es cogido, cuando dice la verdad no es creído.

El que en sí confía, yerra cada día.

El que paga lo que debe, lo que le queda es suyo, y eso tiene.

El ser señor no es saber, pero lo es el saberlo ser.

En año caro, harnero espeso y cedazo claro.

Cada sendero tiene atolladero.

En casa de tu enemigo, la mujer ten por amigo.

En diciembre, leña y duerme.

En el río que no hay peces, por demás es echar las redes.

Enemigos grandes: vergüenza y hambre.

En enero, el gato en celo; en febrero, mes merdero; en marzo, un sol como un mazo; en abril, aguas mil; en mayo, toro y caballo; en junio, hoz en puño; en julio, calentura y aúllo; en agosto, frío en rostro; en septiembre, el rozo y la urdimbre; en octubre, une los bueyes y cubre, y en noviembre y diciembre, como quien tuviere y quien no tuviere, que siembre.

Enero, la vieja se hiela en el lecho y el agua en el puchero.

El enjambre de abril, para mí; el de mayo, para mi hermano, y el de junio, para ninguno.

En la casa donde no hay que comer, todos lloran y no saben de qué.

En la vida, la mujer tres salidas ha de hacer: al bautismo, al casamiento y a la sepultura o al monumento.

En lo que no se pierde nada, siempre algo se gana.

Hasta el cuarenta de mayo, no te quites el sayo.

Al cortar el pan y el vino echar, se puede ver quién nos quiere bien y quién nos quiere mal.

Es como para mearse de risa y no echar gota.

En el tiempo mojado, vende la lana y deja el hilado.

Es necedad tropezar y volver a mirar para la piedra no quitar.

Esperar y no alcanzar ni venir, estar en la cama y no reposar ni dormir, servir y no medrar ni subir: son tres males para morir.

Está en medio del río, y se muere de sed el mezquino.

La espina, cuando nace, la punta lleva por delante.

Febrero en su conjunción, primer martes, carne es ida; a cuarenta y seis, Florida; otros cuarenta, Ascensión; otros diez, Pascua son; otros doce, Corpus Christi; en esto sólo consiste: las fiestas movibles, ¿cuántas son?

Hambre, frío y cochino hacen grande ruido.

El hambre, la sed y el frío meten al hombre en casa de su enemigo.

Huerto sin agua, casa sin tejado, mujer sin amor, y el marido descuidado, todo es malo.

El huevo sin sal no hace ni bien ni mal.

Juegos, pendencias y amores igualan a los hombres.

Junio, julio y agosto, ni dama ni mosto.

La ciencia es locura, si buen seso no la cura.

Ladrón con fraile: o el ladrón será fraile o el fraile será ladrón, cualquier cosa puede ser lo más cierto, porque se pega más lo peor.

La mala fama vuela como ave y rueda como moneda, mientras que la buena en casa se queda.

La mayor valentía consiste en excusar la pendencia y la rencilla.

La que luce entre las ollas no luce entre las otras.

La que se viste de verde, con su hermosura se atreve.

La fiebre que has de matar, cuesta abajo la has de echar.

Ni limpieza en la bolsa, ni claridad en el caldo.

La llaga de amor, quien la hace la sana y quita el dolor.

Lo malo, de balde es caro; lo mejor es más barato.

Lo que diga el cordobés, entiéndelo al revés.

Lo que no quieres para ti, no lo quieras para mí.

Los dineros del sacristán cantando vienen y cantando se van.

Los duelos con pan son menos.

Los primeros a comer son siempre los últimos a hacer.

Lumbre mezquina, sacar de abajo y echar encima.

Lunes y martes, fiestas muy grandes; miércoles y jueves, fiestas solemnes, y viernes y sábados, las mayores de todo el año.

Si madre no viste y padre no tuviste, diablo te hiciste.

«Madre, ¿qué cosa es casar?» «Hija, hilar, parir y llorar».

Malo es el hambre y peor es la sed; si la una mata, la otra también.

Malo es pecar y diabólico el perseverar.

Mandar no quiere par.

Mano sobre mano, como la mujer del escribano.

Más vale libertad con pobreza que prisión con riqueza.

Más son los amenazados que los acuchillados.

Más vale descosido que «rompido».

Mátalas callando y tómalas a tiento.

El melón por el pezón.

Los porfiados no cambian de parecer aunque vayan errados.

La moza loca, la risa en la boca.

Lo siento, pero no puedo llorar.

Muchos hay en la guerra y pocos en la pelea.

Mucho vale y poco cuesta; a mal hablar, buena respuesta.

Mudado el tiempo, mudado el pensamiento.

Muérase el rey, el papa, y quien no tenga capa.

La muerte, ni buscarla ni temerla.

Las mujeres, sin maestro, saben llorar, mentir y bailar.

Mujer moza y viuda poco dura.

La mujer, para ser hermosa, ha de tener cuatro veces tres cosas: ser blanca en tres, colorada en tres, ancha en tres y larga en tres: blanca, en cara, manos y garganta; colorada, en labios, mejillas y barbilla; negra, en cabellos, pestañas y cejas; ancha, en caderas, hombros y muñecas, y larga, en talle, manos y garganta.

Ni a todos dar, ni con necios porfiar.

No compres asno de recuero ni te cases con hija de mesonero.

No hay carga más pesada que la mujer liviana.

No hay mayor pesar que no tener de lo que gastar.

Paga lo que debes y sabrás lo que tienes.

El pan caliente, mucho en la mano y poco en el vientre.

Pan de un día, pan de vida; pan de dos, pan de Dios; pan de tres, pan es.

Pan que sobre, carne que baste y vino que falte.

Para todo hay remedio, menos para la muerte.

Los montes tienen ojos y las paredes oídos.

El pescador de caña, más come que gana.

Por dinero baila el perro, y también por pan si se lo dan.

Porfiar, pero no apostar.

Por errar y dar cebada nunca se perdió la jornada.

Para el día de San Gil, enciende el candil.

Por San Justo y Pastor entran las nueces en sabor, las mozas en amor y las viejas en dolor.

Por San Matías, igualan las noches con los días.

Para San Simón y Judas, procura tener cogidas las uvas, tanto las verdes como las maduras.

Por Santa Cruz y San Cebriano, siembra en cuesta y siembra en llano.

Por Todos Santos, nieve en los campos.

Los príncipes más quieren ser servidos que aconsejados y advertidos.

Quien mal canta, bien le suena.

Quien pregunta lo que no debe, oye lo que no quiere.

Quien vende barato, vende doblado.

Quien vende el trigo en la era, la lana en la tijera, el queso en el cincho y el vino en el mosto, el provecho da a otro.

Quien teme a la muerte no goza de la vida.

Riñas de enamorados, amores doblados.

El reinar no quiere par.

Saca lo tuyo al mercado, y uno dirá que es bueno y otro que malo.

Sana, sana, culo de rana, tres pedos para hoy y tres para mañana.

San Matías, cata marzo a cinco días, y si es bisiesto, cátalo al sexto.

Siembra temprano, poda tardío, y cogerás pan y vino.

Si la píldora bien supiera, no la dorarían por fuera.

Si mucho se tiene, mucho se gasta y más se quiere.

Si no tienes dinero en la bolsa, ten miel en la boca.

Si quieres mierda que bien te sepa, come el queso con corteza.

Tiempo y viento, mujer y fortuna, pronto se mudan.

Para todo se necesita maña, menos para comer, que se precisa gana.

Tres años, un cesto; tres cestos, un can; tres canes, un caballo; tres caballos, un hombre; tres hombres, un elefante.

Tres muchos y tres pocos destruyen a los hombres locos: mucho gastar y poco medrar; mucho hablar y poco saber; mucho presumir y poco valer.

Trigo en polvo y cebada en lodo, centeno en todo.

La tripa llena ni bien huye ni bien pelea.

Tripa vacía, corazón sin alegría.

Tropezar y no caer adelantar camino es.

Un nudo a la bolsa y dos a la boca.

El vino por el color, el pan por el olor y todo por el sabor.

Viuda que no duerme, casarse quiere.

Zapatero solía ser, y volvíme a mi menester.

Estados Unidos

Las obras hablan más fuerte que las palabras.

La respuesta más corta es la acción.

Todos los hombres de acción son unos soñadores.

Los amigos se entienden mejor a distancia.

El arte más grande es el de vivir.

No se puede amar al prójimo con el vientre vacío.

El ciego que se apoya en una pared se cree que ha llegado a los confines del mundo.

La belleza no es más que un artificio.

La belleza es peor que el vino, porque ella emborracha tanto al espectador como al poseedor.

Hasta el diablo fue un ángel en sus comienzos.

Escribe en los cuernos del diablo «he aquí un buen ángel», y muchos lo creerán.

Dios ha dictado el universo, pero no lo ha firmado.

Los generales ruegan por la guerra, y los médicos, por las enfermedades.

Un libro no es mejor ni peor que su autor.

Un libro puede constituirse en algo tan grande como una batalla.

Un mal libro es tan malo que ni siquiera puede arrepentirse.

Los errores de los médicos son cubiertos por la tierra, y los de los ricos, por el dinero.

A veces, el médico tiene más miedo que el enfermo.

Habla con amabilidad, aunque en casa tengas una matraca.

El tiempo perdido no se recupera jamás.

Finlandia

No sabrás quién es tu amigo hasta que el hielo no se rompa.

Francia

Quien mejor quiere hacer el bien, se mata y no hace nada.

A gran lenguaje, escasa obra.

La intención es madre de la acción.

El deseo hace a la vieja trotar.

Quien no sabe manejar el sebo, se unta los dedos.

El bien decir hace reír, y el bien hacer, callar.

Haz las cosas bien y la gente te envidiará, pero haciéndolo aún mejor, la confundirás.

Quien escoge, lo peor coge.

Garantízate los amigos y podrás defenderte bien de tus enemigos.

Los amigos por interés son como las golondrinas, que por el tejado ves trasponer.

La amistad que nace del amor vale más que el mismo amor.

El ceremonial es el humo de la amistad.

Quien deja de ser amigo, no lo ha sido jamás.

El mal de otro no es más que un sueño.

La belleza lleva bolsa.

Bello es quien quiere y más aún quien algo trae.

La belleza sin bondad es como el vino en agraz.

Un músico es un mago.

Haz como las cigalas, que cantan cuando se las frota.

Quien no puede tocar la cítara, toca la flauta.

Cantantes, enamorados y poetas, todos mienten un poco.

En la casa del flautista, todo el mundo canta.

Tal se canta como alegre se tiene el corazón.

Un alma sola, ni canta ni llora.

Cuanto más elevado se encuentra el campanario, más puro es el sonido.

Cuando se espera a un hombre, se cuentan sus defectos.

El destino no puede darnos más que lo que él nos da.

Lo que debe ser, no puede dejar de ser.

El diablo era bello cuando era joven.

Donde hay un escudo, hay un diablo, y donde no lo hay, hay dos.

Quien diablo compra, diablo vende.

Quien al diablo va, más le vale no esperar.

Dios ama a la criatura a la que ha enviado el mal, porque si lo ha hecho, es para que se acuerde de él.

Nuevo dios, nueva flauta.

Pluma alimentada, pluma destruida.

La historia escribe el presente para el porvenir.

El papel lo sufre todo y no se ruboriza por nada.

El libro habla cuando las gentes se callan.

Escribe como el más hábil y habla como todo el mundo.

A necio autor, necio admirador.

Gentes de letras, honores sin riquezas.

La sangre de los soldados hace al gran capitán.

La guerra nunca puede ser buena.

La guerra y la piedad no pueden entenderse jamás.

La guerra engaña siempre al hombre.

Más vale ser servidor en la paz, que señor en la guerra.

Quien no logra una paz temporal, tampoco encontrará la paz espiritual.

El más grande comienzo de una victoria estriba en poder no ser vencido.

En la paz se cuelgan los ladrones, y en la guerra se les honra.

No se hace la guerra más que para poder al fin disfrutar de la paz.

El libro hace vivir.

El mal de otro no cura el nuestro.

A fuerza de ir todo mal, comienza por ir todo bien.

A los que no vence, la desgracia les instruye.

El consuelo de los desdichados estriba en no sentirse solos.

Hay más viejos borrachos que viejos médicos.

De joven abogado, pleito perdido; de joven médico, cementerio conquistado.

El pan cortado no tiene dueño.

Según el pan, el cuchillo.

Quien lengua tiene, a Roma va.

Palabra soltada, emprende su vuelo.

Quien no sabe nada, demostrará su inteligencia si sabe callarse.

Palabras de angelote, uñas de diablote.

Una palabra dicha al oído puede ser escuchada lejos.

La boca habla de la abundancia del corazón.

Quien guarda su boca, guarda su alma.

El bien hablar es camino del bien vivir.

La lengua es el testigo más falso del corazón.

Cuanto menos se piensa, menos se habla.

En el ajedrez, los bufones son quienes más cerca están del rey.

Amor de señor no significa herencia.

Ante los grandes y ante el rey, sé mudo o complaciente.

Quien sirve a dos amos, engaña a uno de los dos.

Aunque nadie se ocupe de la bolsa de los demás, el rey, sin embargo, se ocupa de todas.

Que el rey sea tu señor, pero nunca tu deudor.

Contamos las horas sólo cuando las sabemos perdidas.

El hombre no hace nada sin el tiempo, ni el tiempo sin el hombre.

Si amas la vida, no desperdicies el tiempo, pues la vida de él está hecha.

Cambio de tiempo, entretenimiento del necio.

Grecia

Escucha lo que está bien dicho, aunque provenga de tu enemigo.

No hay mejor consejero que el tiempo.

Todo año pasado parece el mejor.

Holanda

Los verdaderos amigos se querellan, pero pronto se reconcilian.

Antes muerto que sin amigos.

Encontrar demasiados defectos es disminuir la amistad.

No creas jamás que tu enemigo es débil.

Presta a un amigo y lo verás convertido en un enemigo.

Nadie depende de la herida de otro.

Cada cual escoge lo que más cree que le conviene.

Allí donde el diablo no puede viajar, manda a su servidor.

Quien al diablo quiere hacer miedo, cae en la ruina o en el tedio.

A veces no deja de ser conveniente encender una vela al diablo.

Quien se embarca con el diablo, deberá hacer la travesía con él.

Cada cual reza al Dios que viene en su ayuda.

Se firma la paz a la sombra de las espadas.

Puede decirse toda cosa, lo mismo que toda cosa puede ser dicha.

Las plegarias en exceso acaban en un saco.

Los sueños son tan verdaderos aun hoy como lo fueron hace cien años.

Quien ambiciona un vagón de oro puede que tenga un clavo.

Hungría

Más vale un amigo con siete pecados que un extraño.

India

La amistad entre los hombres que de verdad se estiman es como la luna nueva, que crece a medida que las noches pasan.

Haz amistad, pero con moderación.

Un amigo insincero es como el filo de una navaja.

La amistad desaparece cuando cesa la igualdad.

La falsa amistad es como un banco de arena.

La envidia de un enemigo es su propio castigo.

Las cuentas entre amigos deberán guardarse en el corazón.

El arado es el fundamento de todas las artes.

Desde el momento que las letras del destino son grabadas en tu frente, el destino no te abandonará, aunque te cortes la cabeza.

El diablo murmura al oído de cada uno de nosotros: «Nadie es igual».

Para responder al diablo, utiliza su idioma.

Procura ser el primero a la hora de comer, y el último a la hora de guerrear.

La mujer del soldado es siempre una viuda.

El bien nace del mal, como el mal nace del bien.

Si mal hago, es el cielo quien me ha contratado.

Un discurso adulador es como un dulce veneno.

Grandes palabras, pero en pequeña medida.

Habla, a fin de que yo te conozca.

La palabra de un hombre no puede recusarse ni ocultarse, al igual que ocurre con las defensas de un elefante.

La limosna de arroz es buena, pero mejor aún es el dulzor de la palabra.

El pájaro circunspecto extiende sus alas, y el hombre, sus palabras.

Quien no tiene cura de buen renombre es como un cadáver ambulante.

Pon tu confianza en los grandes, pero no te aproximes a ellos jamás.

No es con la mano con lo que atraparás el tiempo.

Inglaterra

Un amigo en la necesidad es verdaderamente un amigo.

Antes de ligarte en amistad con alguien, reparte y come un paquete de sal con él.

Un solo enemigo es demasiado, y cien amigos, demasiado poco.

Ámate a ti mismo y tendrás amigos.

Más vale elogiar las virtudes de un enemigo que los vicios de un amigo.

Amistad rápida, desilusión asegurada.

Más vale perder una buena palabra, que un amigo.

No calientes tu lengua en el caldo de otro.

La belleza no llega más allá de la piel.

Todo perro tiene su día, y todo hombre, su hora.

Quien no ha nacido para ser colgado, no morirá ahogado.

Más vale tener al diablo fuera que meterlo por la puerta.

Las botas del diablo no hacen ruido.

Los que están en el infierno se imaginan que no hay otro cielo.

Dios castiga con la mano izquierda y acaricia con la derecha.

Allí donde Dios tiene su iglesia, el diablo tiene su capilla.

Dios nos da las manos, pero no nos construye los puentes.

Si el médico cura, el sol es testigo, y si mata, la tierra le cubre.

Las palabras vuelan, pero los golpes quedan.

La parte del narrador es siempre la más bella.

Hasta callado se puede errar.

Una palabra antes vale más que dos después.

Si dices todo lo que ves, dirás lo que te perjudica.

Una buena palabra no cuesta de ser dicha más que una mala.

Ni siquiera el sol se levanta sin ninguna sombra.

Hasta el día más largo tiene un fin.

La noche es la madre de los pensamientos.

Con el tiempo, la rata corta el cable.

Cuando el vino naufraga, las palabras flotan.

Irán

Quien no tiene más que un solo enemigo, por todas partes lo encontrará.

El ojo de un águila es demasiado grande para dos amigos, lo mismo que el mundo es demasiado estrecho para dos enemigos.

El distintivo de una gran alma está en tener piedad del enemigo cuando éste se encuentra en la desgracia.

No oses presentarte en la casa del buen Dios si antes no has sido invitado.

La simulación poca es necesaria y descrédito la demasiada.

La mitad de la alegría consiste en hablar de ella.

Treinta y dos dientes no hablan jamás en vano.

Diez pobres duermen tranquilamente en una estera, pero dos príncipes no sabrían vivir en un cuarto de mundo.

¿Quién ha visto algún mañana?

Israel

No trates de calmar a un amigo encolerizado, ni consolarlo ante el cadáver por el que llora, ni interrogarlo cuando reza, ni degollarlo cuando se halla en la aflicción.

No juzgues a tu amigo antes de colocarte en su sitio.

Si tu amigo ha muerto, créele; pero si se ha hecho rico, no le creas.

Más vale morir que vivir sin amigos.

Tu amigo es un amigo y el amigo de tu amigo tiene un amigo.

Un mal amigo es un maravilloso enterrador.

Un hombre sin amigos es como el brazo derecho privado del izquierdo.

Si el agujero hecho por una aguja no es demasiado estrecho para dos amigos, el mundo entero, sin embargo, no es lo suficientemente amplio para que vivan en paz dos enemigos.

Para quien depende de la mesa de otro, el mundo se convierte en angosto y sombrío.

Ama a tu vecino como a ti mismo.

No es bello lo que es caro, sino caro lo que es bello.

Todo perro tiene su día.

Aunque dure siete años la peste, no muere ningún hombre si su destino no le ha llamado.

En el nombre de Dios, se cometen toda clase de males.

Dios castiga y el hombre se venga.

¡Si yo he hecho mi deber, que Dios haga el suyo!

El gato y el ratón hacen las paces sobre una cáscara de nuez.

La paz sostiene al mundo.

Largo como el exilio de Israel.

El mar no tiene fondo, al igual que los sufrimientos de los judíos no tienen límites.

Para honrar al médico, no esperes a necesitarlo.

Es médico aquel a quien se le mete en la cabeza que lo es.

Tres cosas rigen al mundo: la ley, la religión y la beneficencia.

Tres cosas arruinan al mundo: la opresión de los servidores de Dios, la justicia mal administrada y la mala enseñanza.

El mundo es una rueda.

Más vale medio pan que sin pan.

Habla poco y obra mucho.

Hasta la décima generación no habla un gentil con desprecio en presencia de un prosélito.

Todos los mudos sienten la envidia de no poder hablar.

Cuenta primero las palabras y después pésalas.

La vida y la muerte dependen del poder de la lengua.

Un proverbio tiene la significación que el lector quiere.

La brevedad es la respiración que permite la vida al proverbio.

Adquirido el renombre, se deja de merecerlo.

Quien mete prisa al tiempo, es apresado por el tiempo.

Así va a la boda quien no duda de lo que el tiempo le reserva.

Italia

Quien te cree en tu presencia, te niega en tu ausencia.

El verbo hacer tiene un mal futuro, puesto que a veces queda reducido a nada.

El pan de otro tiene siete cortezas.

La belleza no es lo que es bello, sino lo que nos place.

Un bello rostro trae ya su dote al nacer.

La belleza niega a la mujer tanto como la adula.

Las blasfemias son como las procesiones, que siempre vuelven a su punto de partida.

Quien se ha de romper el cuello, encuentra una escalera en la oscuridad.

Quien tiene miedo del diablo, no llega a rico.

Un diablo no hace el infierno.

El diablo tienta a todo el mundo, pero el perezoso tienta al diablo.

Es imposible comerse al diablo sin comerse también los cuernos.

El ojo verá bien siempre que el espíritu no mire por él.

Una guerra simulada es más nociva que una guerra abierta.

No hay peor ladrón que un mal libro.

El médico sabe más en compañía de un loco que solo.

El mundo pertenece a quien sabe tomarlo.

Quien por nada se ruboriza, se hace el amo del mundo.

El mundo es una escalera, por la que unos suben y otros descienden.

Pan comido, pronto queda olvidado.

Quien poco sabe, no tarda en hacerse entender.

Quien habla, siembra, y quien calla, recoge.

Servir y nada decir, bien alto es pedir.

No se sabe bien hablar cuando no se sabe callar.

El corazón es pequeño, pero la lengua es grande.

Más vale deslizarse con el pie que con la lengua.

Lo que no se obtiene más que a fuerza de plegarias, cuesta realmente caro.

Quien ostenta renombre malo, es como si estuviera medio ahorcado.

Una buena reputación es como un ciprés, que una vez cortado, jamás da ya ramas.

Para quien tiene tiempo de sobra, no cuentan las horas.

Japón

El ausente se marcha cada día.

Las flores de otros son siempre más rojas a nuestros ojos.

Hasta en los desperdicios, a veces se encuentran buenas cosas.

El diablo en el corazón acusa al corazón del diablo.

Quien no toca a un dios, no se expone a su venganza.

Las palabras verdaderas hieren las orejas.

El parlanchín apresurado acaba callándose rápido.

Hasta la cabeza de una sardina puede convertirse en un dios, cuando se le reza con fervor.

El idiota es como el ladrón de campanas, que se tapa los oídos para robarlas.

Se aprende poco con la victoria, pero mucho con la derrota.

Madagascar

La amistad es como la seda, que sirve tanto para envolver a los muertos como para vestir a los vivos.

No te preocupes por descubrir las faltas de tus amigos.

No te dejes cegar por el humo de la casa del vecino.

No te emborraches con el ron que se beben los otros.

El destino no tiene nada que hacer con los deseos.

Las huellas de la herida son inseparables de la piel, como nuestro destino.

Las disposiciones divinas son como el sol en su declive vespertino, que da en todas las puertas.

Cuando se es solo al hacer el bien, es Dios quien nos juzga, pero cuando son muchos, son los hombres.

Elogiar el mal es a veces desprecio, pero censurar el bien es siempre odio.

Si la noche es oscura, se toma una antorcha; si el agua es profunda, se utiliza una piragua; si la fosa es profunda, se busca una escalera; pero para curar el mal que se hace, la imaginación no tiene ningún recurso.

Las palabras son como los huevos: una vez fuera, en seguida utilizan sus alas.

Las palabras repercuten más lejos que el disparo de fusil.

Cuando el malgache sabe hablar, no hay nada que no pueda obtener.

Las palabras son como una tela de araña; para el hombre inteligente, son un abrigo, y para el torpe, una trampa.

El rey es como el fuego: si le aleja uno de él, se tiene frío, y si nos acercamos demasiado, nos quemamos.

El pueblo es como su soberano, y el soberano es el soberano.

Más vale exponerse a la cólera del rey que provocar la cólera del pueblo.

No se enseña mejor a un príncipe a pensar que a un cordero a nadar.

Si el soberano reina, es gracias a su pueblo, como el río canta gracias a sus piedras.

Malasia

El rostro de los dioses está oculto entre las nubes.

Se conocen los defectos propios por la lengua de otro.

Espalda vuelta, lenguaje distinto.

Se puede parar un golpe de lanza, pero no un golpe de lengua.

La barca pasa, pero el río queda.

Manchuria

Cuando el tiempo pasa, el oro joven pierde la fuerza de su color.

Más vale esperar al destino con calma, que huir de él cayendo en el peligro.

Si para combatir se emplean personas que no han sido preparadas, es como mandarlas previamente a morir.

Volver a leer un libro ya leído es como volver a encontrar a un viejo amigo.

Marruecos

Satán nunca arruina su casa.

Un poco para Dios y otro poco para mi corazón.

A los piojos se les caza en la cabeza.

El tiempo concibe sin necesidad de macho.

México

A quien no habla, el Señor no le oye.

Mongolia

En la prosperidad se es amigo de todo el mundo, y de nadie en la adversidad.

Coge las serpientes con las manos de otro.

Más vale llegar a nuestro destino con calma, que buscarlo en el peligro.

Haciendo el bien no se especula con el mal.

Una vestimenta muy larga traba las piernas, y una lengua muy larga embrolla la cabeza.

No te sometas a las palabras de los esclavos ni de las mujeres.

Las palabras a veces son como el eco entre las rocas.

Noruega

Las grandes palabras y las prendas nuevas se encogen siempre.

Un campesino de pie es más grande que un noble arrodillado.

Más vale dictadura de hierro que anarquía de oro.

Quien está ocupado en hacer el bien, no hace el mal.

Cuando lo peor, el mal es lo mejor.

Donde no hay mal, no hay tampoco mucho bien.

Lo que todos deben hacer no será jamás hecho.

Polonia

El peor diablo es el que reza.

El mundo es grande, pero en él siempre falta sitio.

El mundo es una rosa; respírala y pásala a tu amigo.

Portugal

Toma cuidado del amigo al que hayas ofendido.

La paz con un arma en la mano es la guerra.

Desconfía del hombre que no habla tanto como del perro que no ladra.

Que la lengua no pronuncie lo que la cabeza no puede pagar.

Se debe hablar solamente de lo que sea la verdad.

Piensa en muchas cosas, pero haz por lo menos una.

Pensar no es saber.

Una viuda afortunada llora con un ojo y ríe con el otro.

Rumanía

Promesa de señores, esperanza de locos.

Por donde sale la palabra, sale el alma también.

La boca del hombre, como la del perro, para pedir pan se han hecho.

Cada cual busca su propio mal.

Al hombre de mala fe, escríbele sobre el agua de río que veas correr.

Antes de haber encontrado a Dios, no permitas ser devorado por los santos.

De un huevo del diablo no puede salir más que un pequeño demonio.

Cuando el diablo no tiene nada que hacer, enciende su pipa.

Cuando el diablo no tiene trabajo, se entretiene en pesar su cola.

¿Qué es lo que se sienta en el agua sin mojarse? La sombra.

¿Qué árbol es el que tiene doce ramas y, sobre cada rama, cuatro nidos con siete huevos cada uno? El año.

Hermano y hermana, pero no bailan nunca juntos. (El sol y la luna.)

Cuatro corren y dos cuelgan. (El caballo y su jinete.)

La gallina es verde y los huevos amarillos. (La patata.)

Un bello niño, que si se le coge en brazos llora, y si se le deja se calla. (El violón.)

La pequeña nuez sobre el tambor. (El ombligo.)

¿Cuál es el agua que siempre corre sin mezclarse ni siquiera con un grano de arena? (Las lágrimas.)

Nacido de la tierra y crecido con el agua, el aire me aja y el fuego me endurece. (El ladrillo.)

Ni dentro ni fuera, ni en el cielo ni en la tierra. (La ventana.)

¿Por qué me miras en vez de mirarte a ti mismo? (El espejo.)

La lengua del diablo es una piel de serpiente. (La espada.)

¿Qué es lo que sabio, aunque pequeño, te instruye y a veces miente? (El reloj.)

Tan grande como el mundo y no hace sombra. (La carretera.)

Los ojos del diablo en las manos de los hombres. (El dinero.)

Mi padre es alto y mi madre gruesa, y mi hermano corre del uno a la otra. (El cielo, la tierra y el viento.)

Si yo ando, ella anda también, y si me detengo, también se detiene. (Mi sombra.)

La belleza sin la inteligencia es como una flor en el barro.

El hombre sin amigos es como la mano derecha sin la izquierda.

Rusia

No hay ningún amigo por la fuerza.

Tu amigo te hará un castillo y tu enemigo una tumba.

Un amigo no probado es como una nuez que aún no ha sido cascada.

Guárdame, Dios, de los malos amigos, que yo me guardaré de mis enemigos.

Quien no necesita amigos, de sí mismo es enemigo.

No trabajes en el techo de otro cuando tengas el tuyo agujereado.

Las manos blancas requieren el trabajo de otro.

No se vive mucho tiempo con el espíritu de otro.

En monasterio ajeno, no pretendas imponer tu reglamento.

Un ciego guía a otro, pero los dos acaban por caer en la zanja.

Ningún ciego se inquieta porque las bombillas se ennegrezcan.

El pobre canta las canciones y el rico las escucha.

No lo hacen bien todos los que cantan.

Cuando se tiene hambre, hasta el archimandrita roba.

Un pope es un gran saco sin fondo.

El pope ama la compañía, pero come solo.

El pope que confiesa a otro pope, se limita a guiñar el ojo.

Esperando a los muertos que duermen, el mismo pope se queda dormido.

El campesino trenza la cuerda y el pope hace el nudo.

Hasta el asno detesta la manta que le colocan sobre la nariz.

Cuando se tiran piedras a los frutos maduros, son los verdes los que caen.

El destino es como una mujer ligera, que oprime al pobre y se ofrece al rico.

¡Persiguiendo a una liebre me encontré con el lobo!

El diablo vive en un lago tranquilo.

Al diablo le es imposible engañar a su camarada.

Si quieres la protección de Dios, protégete a ti mismo antes.

¿Para qué rogar a un Dios que no perdona?

¡Ni vela para el buen Dios, ni tizón para el diablo!

Ten confianza en Dios, pero preocúpate de tus cosas.

Ruega a Dios y continúa remando.

Dios ha creado el mal para que el infierno no esté vacío.

El pan de viaje no hace bulto.

Si quieres comer pan, no te quedes sentado en el horno.

A mal enhornar, salen los panes cornudos.

A pan de quince días, hambre de tres semanas.

La boca no es un agujero en la pared que pueda taparse con barro.

Una pequeña palabra puede quebrar un hueso.

Hablando poco, se oye mejor.

Una palabra no es un pájaro: si se te escapa, no la recuperas jamás.

Sólo un mudo puede hacer callar al hablador.

Los proverbios son la verdad.

Los proverbios no se repiten inútilmente.

Para los proverbios no existe tribunal.

El buen proverbio no golpea en las cejas, sino en los ojos.

Cuando el poderoso se convierte en puente, guárdate de pasar por él.

El establo está lleno de blancas ovejas. (La boca y los dientes.)

Dos perchas llenas de gallinas blancas. (Los dientes.)

Ligera con los ricos y recia con los pobres. (La camisa.)

Por delante, hombre, y por detrás, mujer. (La sotana.)

Pequeño y audaz, ha horadado la tierra y encontrado una boina roja. (El champiñón.)

La enfermedad del señor es salud para el campesino.

La bolsa del juez es como la tripa del pope.

Si tu amo te ofrece un abrigo de piel de cordero, no será su palabra lo que abrigue.

Un buen sueño vale más que cualquier remedio.

El sueño es la vanguardia del hombre.

El tiempo no es un lobo, y, por lo tanto, no huirá al bosque.

El tiempo no se inclina ante ti, sino que eres tú quien te inclinas ante el tiempo.

Dios está bien alto y el zar bien lejos.

Zar y pueblo, todo está sobre la tierra.

El vino es inocente, pues la borrachera es la culpable.

Tu vecino es tu espejo.

Siria

Vista con unos gemelos, la guerra siempre es fácil.

Cuando las naciones están en guerra, procura salvar tu cabeza.

Suecia

No se vive de la belleza, pero se puede morir por ella.

Todas las desgracias comienzan invocando el nombre de Dios.

Entre los débiles, el más fuerte es quien no olvida su debilidad.

Suiza

Las palabras son como las abejas: miel y aguijón a la vez.

Tíbet

La palabra no es más que espuma que flota sobre el agua, y la acción, gota de oro que la agujerea.

Turquía

Caminando, caminando, se llega a Irak.

Un arma es un enemigo incluso para su poseedor.

Para el hombre sano, la herida de otro no es más que un agujero en el muro.

El agua del pozo del vecino siempre nos parece tan dulce como la miel.

Más vale mi cuervo que el ruiseñor de otro.

Cuando oigas hablar mal de tu vecino, ponte una cadena en la boca y un algodón en los oídos.

La flecha disparada no vuelve a su arco jamás.

Si Dios cierra una puerta, abre mil otras.

¿Ha conocido alguien un solo día sin su noche?

Cuando el destino se cumple, el ojo de la inteligencia se oscurece.

Quien debe morir ahorcado, no morirá ahogado.

Si todo lo que se desea se consiguiera, el mendigo se convertiría en rey.

Nadie se aprovecha de lo que el destino aprovecha de otro.

¡Desgraciado el que por la suerte es vencido!

Satán está acostumbrado a decir «yo».

La pluma sola no escribe las historias.

Nadie escribe contra sí mismo.

Quien busca la paz, deberá desear ser sordo, ciego y mudo.

Quien no está en paz en su casa, puede decir que se encuentra en el infierno del mundo.

Un hombre ruin pierde a cuarenta justos, pero los cuarenta justos no salvan al ruin.

Si no sabes hacer el bien, al menos haz el mal.

Dar bien por bien lo hace el asno; dar mal por mal, el perro; dar bien por mal, el hombre, y dar mal por bien, el ladrón.

Si eres médico, receta medicamentos, y si eres cuervo, espera el cadáver.

El mundo es un molino: unas veces muele grano, y otras es a nosotros a quienes nos muele.

El mundo así está hecho: a los unos da melones y a los otros dolores.

Quien habla mucho, es que tiene mala conciencia.

El hombre se halla atado a su palabra, como el perro a su cadena.

La lengua no tiene hueso, pero los quiebra.

No es hablando sin cesar de la miel como el dulzor llega a la boca.

Quien domina sin lengua, salva su cabeza.

El necio tiene el corazón bajo la lengua, y el sabio, su lengua en su corazón.

¡Cuánta gente quedaría muda si se prohibiera hablar bien de sí mismo y mal de los demás!

¡El poder sobre mi cabeza o los cuervos sobre mi cadáver!

Un alma y otra alma viajan en compañía.

El tiempo es como una mujer encinta: ¿qué sabe nadie lo que pondrá en el mundo?

Si el tiempo no se acomoda a ti, acomódate tú al tiempo.

El tiempo obliga a vender hasta la mala paja.

El silencio es el santuario de la prudencia.

Yugoslavia

La soledad no está más que en Dios.

Con el mal todo va mal, pero sin él todo sería peor.

No temas decir que «no», si con ello evitas mil desgracias.

El cielo y la tierra son buenos, pero el mal está entre la tierra y el cielo.

Dentro del mal, lo menos es mejor.

ÍNDICE

LOS ANIMALES

EL HOMBRE Y LA MUJER

LA MORAL Y LA JUSTICIA

EL MUNDO DEL DINERO

LOS SENTIMIENTOS

EL VICIO Y LA VIRTUD

LA VIDA Y LA MUERTE

SABIDURÍA POPULAR

CAJÓN DE SASTRE

*Proverbios, adagios
y refranes del mundo*
se terminó de imprimir en
los Talleres Balmes en
el mes de octubre
de 1999.